龍冠海著

都市社會學理論與應用

三民書局印行

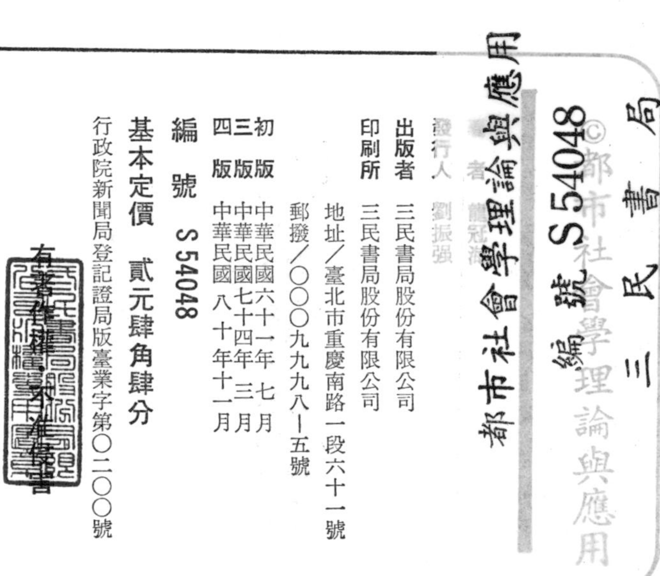

三民書局

編號 S54048 ©

都市社會學理論與應用

都市社會學理論與應用

著者 龍冠海

發行人 劉振強

出版者 三民書局股份有限公司

印刷所 三民書局股份有限公司

地址／臺北市重慶南路一段六十一號

郵撥／〇〇〇九九九八—五號

初版 中華民國六十一年七月

三版 中華民國七十四年三月

四版 中華民國八十年十一月

編號 S 54048

基本定價 貳元肆角肆分

行政院新聞局登記證局版臺業字第〇二〇〇號

ISBN 957-14-0314-8（平裝）

自序

筆者於民國五十八年及五十九年僥倖獲得國家科學委員會之補助，從事「都市社會學理論與應用之研究」，乃於首年完成其理論部份，計六章，次年完成其應用部份，計五章，合計十一章，這即前兩年内分別呈繳該委員會之研究報告。新近又另外加寫「都市社會學在中國的展望」一篇，即本書之第十二章。前年承蒙「中央」月刊編輯索稿，因當時苦無他作以應，乃將該研究報告中第二及第三兩章交其審閱，看是否可用，後取得筆者同意，而由其合併成一篇，題為「淺說都市社會學」，刊登於該月刊第三卷第十期上，但原有附註皆被其刪除，這卻非出於筆者之本意。至於第四及第五章則由筆者於去年交與中國社會學社出版之「中國社會學刊」創刊號和國立臺灣大學出版的「社會學刊」第七期，分別發表。這是筆者在此應該特別加以聲明的。

當抗戰時期，本人在成都金陵女子文理學院曾經授過「都市社會學」，該時因鑑於有關這方面的中文課本缺乏，就有計劃自己編一本，來臺後，本人又曾在東海大學及臺灣大學先後開過這門課程，並且仍懷著原有的寫作計劃，但因為種種關係，始終未能如願，自覺非常慚愧。自從前三年起，因有機會從事「都市社會學理論與應用之研究」，就想以此為依據，然後再加以擴充，編成一本都市社會學。但自該研究完成之後，若干友人就勸勉筆者將其先行刊印，以供對都市研究有興趣者做為參考。本人曾再三加以考慮，因鑑於我國目前類似之研究極少看見，而同時又因為都市問題日見重大，本人的研究雖然尚嫌不足，為了答應多方面之要求，今姑且先予以付梓，當作拋磚引玉，或不無裨益。若有缺陷之處，尚希讀者多為教正。

本書之刋行，深蒙周震歐教授之贊助，今特在此表示謝忱。

中華民國六十一年四月於臺大

都市社會學理論與應用目次

上篇　理論方面……一
緒　言……四
第一章　都市的性質……四
第二章　都市社會學的起源與發展……一四
第三章　都市社會學的研究範圍以及與其他學科之關係……二八
第四章　都市社會學基本概念的檢討……三八
第五章　都市社會學重要理論的檢討……四九
第六章　都市社會學研究方法的檢討……六七
下篇　應用方面……七五
緒　言

第七章　人口都市化……八四
第八章　都市區位體系與過程……一〇二
第九章　都市的社會組織……一二一
第十章　都市社會問題……一三〇
第十一章　都市計劃與都市發展……一四二
第十二章　都市社會學在中國的展望……一四九
附錄：主要參考書目
一、英文部分……一六〇
二、中文部分……一六七

都市社會學理論與應用

上篇──理論方面

緒言

本書作者之目的：這可從四方面來說明。第一，想知道都市社會學這門新興學問有些什麼理論作爲它建立的基礎，以及這些理論是否都是健全的？第二，想明瞭都市社會學家所使用的探究觀點、概念、和方法是否都是正確的？第三，都市對人類生活影響日形重大，晚近許多國家，如英、美、日本等，有關都市社會學的論述也日漸增加，惟我國尚屬罕覯，雖然二十多年前在大陸曾出版有幾本以都市社會學爲名之書（註一），但多已過時，而如今自由中國卻一本中文的也難找得到。作者有鑒於此，故擬先從都市社會學理論與應用方面着手，而以此爲張本，然後編寫一本較爲完全的都市社會學，以應需要。第四，在其應用上，這門學問對人類究竟能有何貢獻？是否有助於都市社會的改進？這也是作者想要探究的一點，這一部份須候至本書下篇論之，今先就理論方面作一檢討。但在未講到理論之前，我們應該知道都市的研究因何晚近成爲一專門學科？換言之，都市因何成爲科學的一個研究範圍或對象？它的重要性何在？這門專門學科是如何發展出來的？發展到現在，它的情況如何？所牽涉的問題有那些？它所使用的工具（即概念）主要的有那些？是否都是合乎標準的？這些基本問題乃是本書要首先在第一至第四章中加以論述的。以此爲基礎，然後在第五及第六章內分別討論都市社會學的理論與方法。事實上，以上這幾點乃是有先後連帶關係的。如果單講理論而不涉及其他的，那是無稽之談，反之亦然。

研究方法：作者於事此一研究所用的方法主要爲比較法及分析法。都市社會學自建立以來，它包含有許多概念、理論、及方法，但其中有不少的意義和用法，依各家的解釋，迄今尚未完全一致，甚至於含糊不清，或各有各的立場。因此，爲了正名，爲了從異中求同，使其合乎標準，我們必須拿各家的見解或說法來予以分析，彼此參照，互相比較，看何者較爲合乎或近乎事實。

資料來源：作者所用的參考資料大半是以現代都市社會學家的論著爲依據，近幾十年來，西洋，尤其美國，發表關於都市的著作日見繁多。特別是在第二次世界大戰之後，由於世界各國都市化的進展，並由於聯合國對這個問題的注意而倡導及鼓勵對其加以研究，更日形發達，只要看美國出版的幾本有名社會學刊物，如「美國社會學雜誌」（*American Journal of Sociology*），「美國社會學評論」（*American Sociological Review*），「社會力量」（*Social Forces*），及「社會學與社會研究」（*Sociology and Social Research*）歷年所刊登的論文，其中大多數莫不是關於都市方面的。又如孟福氏（Lewis Mumford）於一九六一年出版的「歷史上的都市」（*The City in History*）

一書中所附錄的參考書目就有五十五頁之多，若將各刊物上所有的長短論著予以合計，眞可謂牛毛充棟。如此浩繁之文獻，實非任何一個人所能盡覽，更非筆者之力量所能及。今僅就此時此地能够搜集得到而擇其有關之比較重要者作爲參考，其中尤以下列十幾本乃更爲重要者：

Baali and Vandiver (editors), *Urban Sociology*; **Boskoff**, *The Sociology of Urban Regions*; **Bergel**, *Urban Sociology*; **Gibbs** (ed.), *Urban Research Method*; **Gist and Fava**, *Urban Society*; **Hatt and Reiss**, *Cities and Society*; **Hauser** (ed.), *Handbook for Social Research in Urban Areas*; and *The Study of Urbanization*; **Morris**, *Urban Sociology*; **Mumford**, *The Culture of Cities* and *The City in History*; **Park**, *Human Communities*; **Park and Burges** (eds.), *The City*; **Reissman**, *The Urban Process*; **Sjoberg**, *The Preindustrial City*; **Weber**, *The City*。

以上各書之出版地方及年代詳見本文附錄參考書目。至於其他資料來源亦詳見附註或附錄，此處不贅。

第一章　都市的性質

一、都市的意義

何謂都市？這是作任何都市研究必須首先了解的一個問題。依常識或一般人的見解來講，這似乎顯而易明，不需加以解釋的。但事實並不如此。如從歷史上自古到今，將一切所謂都市或城市（英文皆稱爲City——在本文內都市與城市二詞是交換用的，其詳請參閱第三章）來作比較廣泛和深入的考察，我們便可發現這個問題並不如一般人所想像的那樣簡單而容易回答。因爲在其發展過程上，都市所呈現的特徵，無論在形式或內容方面，乃是五花八門的，而且各國所定的界說也大有懸殊；此國劃爲都市的，別國却只算爲鄉村，又由於各觀察家的立場之差異，對於都市也可有不同的解釋。故美國都市社會學者孟福氏在新近出版的國際社會科學百科全書中說，都市的定義尚在爭論中。（註二）

曾任哈佛大學都市設計與都市研究教授梅亞遜氏（Martin Meyerson）在「如何觀察一個都市」一文中說到：「觀察一個都市當然有許多方法。自有史以來，不同的觀察家會依不同的觀點來觀察都市——有的視它爲權威的地方，別的則認爲它是一個市場；有的視它爲邪惡的地方，別的則視它爲人類文化的眞正基礎；有的視它爲人類價值和安定的瓦解者，別的則視它爲人類精神及其他價值永存不朽的地方；有的視它爲解組與分裂的東西之積聚，別的則視它爲個性能夠發揮的地方。有的視它爲混亂的地方，別的則視它爲有活力的地方。當今世界上一切工業國家裡有的人視都市正在消逝之中——由於交通的阻塞，財政的缺乏，人口及經濟事業的喪失於市郊，以及受行將過時東西的牽累而精疲力盡。而別的人，包括我自己，則指出都市永不缺乏滋性的吸引力，繼續從農場及小鎭吸引人們，此不只在同業社會爲然，在非工業社會亦然。依個人的哲學傾向，或政治觀點，或性情，或興趣，他能在今日的大都市中找到我所提及任何或所有特徵的證據。」（註三）

「都市與社會」一書的主編者在「都市的性質」一文中也說：都市是有許多角度的社會事實，人們從各種透視來描述和分析它們：如道德的實體，如人類歷史的產物，如人與其居留地的一種關係，如一套的經濟互相關係，如政治的控制中心，或如人類生存的一種顯著方式。這些透視在都市的社會學分析中並非全是主要旨趣，更正確的說，社會學家一般地視都市爲人類社區的一種方式——一種社區具有特殊的共生和互賴之整合力量，人們由於結合而習得某些特質，並產生制度及組織的方式，給人類生活一種特有的形狀，我們稱爲「都市的」。（註四）

依上所述，可知各人由於觀點之不同，對都市的看法亦各異，即使專門研究都市的社會學家亦不能例外——他們所下的定義還是不完全一致。茲舉數例以明之。

當代社會學家之中對都市特別有研究的要算史若堡氏（Gideon Sjoberg），其言曰：「何謂都市？它是有相當大的面積和相當高的人口密度的一個社區，其中住有各種非農業的專門人員，包括文人。」

（註五）

柏芝爾（E. E. Bergel）在其所著「都市社會學」中述評各家的都市定義之後，他所下的界說是：「任何集居地方其中多數居民是從事非農業活動的，我們稱之爲都市。」（註六）

最近美國出版的「現代社會學詞典」中在都市一詞之下的解釋是：「人們的一個密集，居住在一個比較小的地區並從事非農業的職業。一個都市人口的活動是專業化的，且在功能上是互相關係的，並由一個正式的政治體系所管制。」（註七）

最後這個定義與筆者十多年前所下的大同小異：「都市可說是集中在一有限地域內的一個人口集團，在法律上具有社團法人的地位；在政治上具有地方政府的體制；自成一自治團體；在經濟上具有詳細分工與專業化的特徵；其主要營生方式不是直接依賴自然或耕種以獲取食物，而是靠着工商業、人事服務及其他的專門技能；在社會活動上多半是集體的；在社會關係上多半爲間接的。」（註八）

總而觀之，都市是人類的一種社區，其居民多數係從事非農業活動的，這是它有別於農村和遊牧社會的主要特徵。

二、都市的重要性

前面所舉「都市的性質」一文中關於都市的重要性有這樣一段話：「現代人類生存的一個主要事實

乃是這個世界包括都市居民日見增加，雖然鄉村居民仍佔多數。在人類歷史過程中，日見有更大比例的人民至少消磨其部分的生活於都市範圍之內。沒有住在都市的人受都市生活影響也日大，因爲都市的影響傳佈到內地。世界人民的生活方式，目標和問題在人類歷史的進程中起了很多變化。都市及其文化乃是這些變遷之許多的所在地，因爲都市不只是人類活動之解釋的焦點，而且是社會生活之發動力與控制的一個來源。」（註九）茲再從以下幾方面來闡明它的重要性。

㈠都市為人類的一重要生活環境

人類生活於世間有幾個基本需要，如營生、保衛、及蕃衍。這些皆非個人力量所能滿足，而必須依賴羣力，其具體表現則見於有組織的社會，如部落、鄉村、都市、及國家等。這些當中每一個都是其所屬分子之生活環境，尤以都市在其組織上，因爲包含有多種與個人日常生活有直接密切關係的團體或結合及制度，更能滿足人類的那些基本需要。由於都市是比較大而且含有異質性的一個人口集團，有各種專門職業的人，在營生上更爲便利，在保衛上更加有力量，在蕃衍上更能延續不斷，縱使其本身人口不能自爲補充，但因其對鄉村有吸引力，實無可憂。故就其滿足基本需要方面來看，都市實爲人類最重要和最完備的生活環境，這是亞里士多德早就指出來的了，如今觀之，更無可置疑。

㈡都市為文化或文明的發源地與傳播中心

這是一般社會科學家的共同見解。依德國歷史學家史賓格拉（Oswald Spengler）說：「所有偉大的文化全是都市的產物。」美國社會學家派克（R. E. Park）道：「我們必須視我們的都市不只是人口的中心，而且是文明的工廠。」（註十）英國考古學學家畢戈特（Stuart Piggott）認爲文明乃少數人在過去都市社會裡零零碎碎地創造出來的。（註一一）

季斯特與法佛（Gist and Fava）在其合著「都市社會」一書中，由於對文明的解釋稍有不同，却認爲文明是先於都市而存在。他們視文明爲複雜的社會結構。在這種結構中，人們的各種社會互動有異於非文明社會的。在邏輯上，社會結構的變遷是在都市的創造之先。但是都市的出現又引起別的社會變遷。故在實際上，都市既是文明社會的結果，也是促進文明的變遷之原因。（註一二）

無論如何，從歷史上的事實來看，任何國家的文物莫不集中於都市，由此而傳播到鄉區。故派克說，都市應視爲文化的演化及推廣之媒介。（註一三）不但在空間有此作用，在時間上也如此，即將文化或文明的事物由一代傳至另一代，而且由於累積的關係，使文明也日形進步。

㈢都市爲各種制度的發展地方

一般社會學家認爲人類社會有六種主要的制度，即家庭的、經濟的、政治的、宗教的、教育的、及娛樂的。茲就這六種制度的具體表現和發展來觀察，顯明地是見於都市。今試分別約略述之。

家庭制度在歷史上建立最早，也最普遍。可是如拿原始的和鄉村的家庭來與都市的作比較，則彼此頗有差異。都市的家庭，尤其現代的，人口比較少，組織比較簡單，功能多已喪失，約制力亦日趨衰弱，分子關係不太密切，男婚女嫁較爲自由，於是離婚、遺棄、及分居者多，家庭模式的變異性也大。簡言之，都市的家庭變遷大，也易有新型或新的制度之發展。

經濟制度在都市，尤其現代大都市中所呈現的非常具體而龐大和複雜。例如，商店與工廠的建立，各種行業的正式組織，市場的交易，貨物的運輸，土地的分區利用等，其設施莫不有一套規則，並且時常隨着都市的擴張與創新及發展，形成都市的一種顯著特徵，且影響到都市以外廣大地區的生活狀態。

一般國家的都市皆爲一地方自治團體，有市政府的組織，以保護及管制其市民。有的都市甚至類似國家，像古代希臘的城邦。任何國家也皆有一首都，成爲制定法律及其全國發號施令的中心。政黨的組織與活動，以及政治的革新等等，亦莫不以都市爲中心。要之，政治制度的建立和發展皆有賴乎都市。

宗教制度也是來源最早和最普遍的一種。它與都市也有密切關係。歷史上有許多城市是由寺廟或崇拜的中心發展出來的（參考大英百科全書及前面提及的孟福氏著「歷史上的都市」一書）。但是，自從都市建立之後，它又常成爲宗教的發展場所。在世界上一般都市中，常可看見許多教堂和廟宇，同時也可發現有各種宗教派別及其佈道的組織，這乃是鄉村中所少見的。

教育制度的建立也是以都市爲基礎。由於都市人口比較衆多，財源比較豐富，又需要各種有學識和有專門技術的人才以擔任各種職務，故無論是正式的或非正式的教育，全是在都市中特別發達。都市愈大，教育的設施也愈繁多，從幼稚園到大學及研究院，形形色色，林林總總，各種新教育方法及制度亦莫不以都市爲實驗所。

講到娛樂制度顯然亦以都市爲最發達。鄉村雖也有各種娛樂活動，但多半都是臨時性的或週期性的，而缺少永久性的、有系統的、和龐大而複雜的組織，更少有像都市中各種各樣的商業化娛樂。要之，都市乃是娛樂制度最盛行的地方，這也是都市之所以容易引人入勝的一個主要因素。

除上述六種基本制度外，科學活動，社會福利及醫藥衛生等事業，在現代國家中也都已成爲制度化的，而這些新興的制度莫不集中於都市。

總而觀之，因爲制度乃人類社會的壁壘和行爲規範，而各種制度又以都市爲滋長場地，依此以觀，都市的重要性可以想見。

(四)都市乃國家與衰所繫

從歷史上看，國家及帝國的興衰常與其都市的興衰有密切關係，根據社會學家派克說，都市與國家是一起發展的。這在城邦國家中更爲明徵。例如，愛非斯與提比斯（Memphis and Thebes）之於埃及，巴比倫之於巴比倫尼亞，雅典之於希臘，羅馬之於羅馬帝國……皆爲明顯的例子。（註一四）美國市政學家孟祿（W. B. Munro）道：「凡進步之國，都市必多；退化者，都市必少。……吾人可以都市之多寡，都市之大小，定奪一國文化之深淺焉。羅馬文化最盛之時，即都市最發達之日；而在都市焚燬之暗世，文化亦遂委地無餘……然以歷史論，無一國因都市發展而國勢轉弱者。一國之教化與權威，常隨都市發展而俱進。」（註一五）由此可知都市與國家命運關係之重大。

㈤都市為許多社會問題的來源

照派克說：「社會問題根本就是都市問題。」（註一六）這句話雖然不能說完全對，但它至少指出社會問題之焦點所在。無論古今中外，任何國家所發生的所謂社會問題雖然不限於都市，而是鄉村也有，不過事實上仍然多數是集中於都市，並且有很多是以都市爲溫床，其滋長結果對社會影響更爲嚴重。例如，人口都市化，即人口過度集中於都市，常易造成一連串的都市社會問題，像住宅的缺少，失業人數的增加，救濟工作的需要等等。又如犯罪，尤其是少年犯罪、賣淫、離婚、交通災害、勞資糾紛、及種族衝突等問題，也都發生於都市，特別是大都市。其所以然，主要是因爲都市環境特殊，人口結構與社會組織複雜，社會流動性大，社會接觸頻繁，都市的引誘多，行爲規範的紛殊，而家庭及風俗的控制力量又比較衰弱，雖有法律之制裁，但竟究不足以應付複雜而變遷也大的都市環境。要之，都市的社會問題與都市結構有密切關係，大凡都市越龐大和越複雜，其問題也就越多。

總而觀之，都市在人類生活史上顯然日見重要，所帶來的問題也日趨繁雜而嚴重，如不加以注意研究，以求解決，則前途實可堪虞。因此，都市社會學的發展實有原因也。

附註：

註一：依筆者所知，只有下列三本：吳景超的「都市社會學」及邱致中的「都市社會學原理」與「實用都市社會學原理」——這些都十分簡略，如今大半已經過時。

註二：''City'' ir *International Encyclopedia of the Social Sciences*, Vol. 2, P.447.

註三：Martin Myerson, ''How to View a City'', in *Urban America : The Expert Looks at the City*, edited by Daniel P. Moynihar（Voice of America Forum Series, 1970）,PP.295～296.

註四：Paul K. Hatt and Albert J. Reiss Jr.（Editors）, *Cities and Society*（The Free Press of Glencoe, 1961）, P.17.

註五：Gideon Sjoberg, ''The Origin and Evolution of Cities,'' in *Cities*（A Scientific American Book, Alford A. Knopf, 1967）, P.27.

註六：E. E. Bergel, *Urban Sociology*（McGraw-Hill, 1955）P.8.

註七：Geroge A. Theodorson and Achilles G. Theodorson, *A Modern Dictionary of Sociology*（Apolollo Editions, 1970）.

註八：龍冠海著社會學概要（東方書店，民國四十三年），六〇頁。

註九：見註四。

註一〇：R. E. Park, "The City as a Social Laboratory", in *Human Communities*, edited by E. C. Hughes *et. al.* (The Free Press, 1952). ——

註一一：Stuart Piggott, "The Role of the City in Ancient Civilizations", in *The Metropolis in Modern Life*, edited by R. M. Fisher, 1955.

註一二：N. P. Gist and S. F. Fava, *Urban Society* (5th edition, Reprinted in Taipei, 1968), P.10.

註一三：見註一〇。

註一四：見註五及註一〇。

註一五：孟祿著，陳良譯。市政府與市行政，第一至二頁。

第二章　都市社會學的起源與發展

任何一門科學的發展都非偶然的或驟然的，而是總要有某些問題或現象的存在，需要加以說明，瞭解或解決，而由若干對其發生興趣的人拿來作爲研究的範圍或對象。這種探究工作在起初大概總是由一兩個人或極少數人所從事，後來才漸漸地引起更多人的注意而加入探究的隊伍，共同採用某些概念和方法，在其所劃定的範圍之內，尋求適當的對象來做更爲詳細而深入的研究，獲得學術界的承認，於是便成爲一種專門學問。根據巴勒爾遜（Berelson）的分析，一門科學的發展大約要經過以下幾個階段：㈠考慮新問題的存在、出現、或認識；㈡對於這種問題要經過一個時期作廣泛的理論思索；㈢加強經驗資料的搜集；㈣與資料搜集有關的是對方法的注意；㈤這門學問在制度上得到認識——先在工商業、政府、及知識界，最後在大學內試用；㈥這門學問影響與其鄰近的學科，同時也受其影響；及㈦最後這門學問建立在經驗上得到證實的一套互相關係之命題。（註一）巴勒爾遜應用這些過程來說明輿論研究的發展。大體上，我們在這裡也可以利用它們來敍述都市社會學的發展。

都市社會學是社會學的一部門。社會學被列爲一門科學始於孔德，約在一八三〇年代，迄十九世紀下半期始漸漸地在歐美被承認爲社會科學之一，而都市社會學則在一九二〇年代才成爲一門特殊社會學，二者在時間上的距離約有九十年之久。社會學雖然來源於歐洲，但其繁榮則在美國，因而有「美國的科學」之稱。都市的研究也一樣，在歐洲很早就有人做過，可是這種研究被當做一門科學或專門學科却是始於美國，也被稱爲一門「美國的科學」。（註二）

從社會思想史上看，在歐洲有關都市的論述可以溯源於古代希臘的柏拉圖和亞里斯多德，迄羅馬末期的奧古斯丁，以及近代初期英國的莫爾（Thomas More）與其他許多烏托邦社會思想家。他們所描述的理想社會差不多全是有計劃的小型都市社區，也全是他們想像的產物，和事實距離太遠，不能算爲科學的。近代西洋第一本關於都市的著作，不屬於上述空想一類而近乎事實方面的，可能是意大利波特洛（Giovanni Botero）所寫的「都市偉大原因論」，出版於一五九八年，但如今觀之，也不能算是科學的，更不能說因它而建立了都市社會學。從十七世紀起，都市乃漸成爲科學研究的對象。政治數理學的創始者以及繼其後之統計學家、研究人口問題的學者、經濟學家、與歷史學家對都市也發生了興趣，此外尚有行政家、建築師、社會設計家、及社會革新家等。他們出版了大量有關都市的文獻，雖然沒有一本是眞正屬於都市社會學的，但是對於後來這門學問的建立却不無貢獻。社會學雖然創始於一八三〇年代，可是直至一九一〇年才有第一本論都市的書，由法國社會學家莫里哀（René Maurier）寫的，題爲「都市的起源與經濟功能」，而他大半却是從經濟學家的立場來探究的。除他之外，德國社會學家齊末爾（G. Simmel）於一九〇三年發表有「都市與精神生活」，這是早期的一篇社會學名著，及韋伯（Max Weber）於一九二一年出版的「都市」（對於此書，下面第五章將另述及）。除這少數理論的著作外，從十九世紀至一九二〇年代都市社會學創立的時候爲止，歐洲方面，尙出版有不少都市調查，這可說是應用都市社會學方面的。雖然有上述各種論著，可是歐洲並沒有把都市社會學列爲一門特殊社會學。

一、美國都市社會學的發展

前面已提及，都市社會學被稱爲美國的科學。這究竟是怎樣發展來的？茲將其劃分爲三個時期約略述之。

(一)蘊釀時期（約一九二五年之前）

這個時期可以拉得很長，也可以縮得相當短。由於美國的文化是受歐洲的影響，它的社會學與都市社會學亦然。從這個觀點來看，上面所述歐洲有關都市的論著皆可包括在這個時期之內。若是僅從美國方面來觀察，則這個時期甚短，大概只有三十年左右。在這個時期內，美國人對其都市開始注意研究，並且發表了不少文獻。今試舉其較重要者言之，例如：

Jacob Ries, *How the Other Half Lives* (1890), and *Battle with the Slums* (1892); Jane Addams and Associates, *The Hull House Maps and Papers* (1895); Robert A. Woods, *The City Wilderness* (1898); Lincoln Steffens, *The Shame of the Cities* (1904); P. U. Kellogg (ed.) *The Pittsburgh Survey* (1914); S. M. Harrison, *Social Conditions in an American City: A Summary of the Findings of the Springfield Survey* (1920).

這些都是屬於社會改良家或應用社會學家的作品，對於都市社會學的發展還不能說有直接影響，而只能說有間接影響。

(二)建立時期（一九二五——一九四五年）

約從一九二五年起都市的研究乃被劃分爲社會學的一部門，成爲一種專門學科或特殊社會學，開始應用社會學與人文區位學的概念、觀點、及方法來對都市現象做比較深入的研討。眞正促進這種發展的應當溯源到派克（R. E. Park）於一九一六年三月在「美國社會學雜誌」（American Journal of Sociology）上發表的一篇論文，題爲「都市：對都市環境中人類行爲之考察的建議」。不過這篇文章初發表時並沒有得到社會學界的注意，因爲那時社會學還是一門普通科學，尚未有多少專門化，而仍在設法爭取科學界的地位，到了後來才慢慢地獲得承認。就都市社會學而言，一九二五年乃其轉捩點，因爲在這一年派克重先把他的那篇論文刋載於他與其同事浦濟時（E. W. Burgess）及麥堅芝（R. D.

Mckenzie）主篇的「都市」一書內。同年美國社會學社年會也特別設立一都市社會學組（鄉村社會學因爲發展較早，已於一九一五年設組）。次年，浦濟時和他又出版一本「都市社區」。這些新發展立刻引起良好的反應。一九二八年第一本「都市社會學」課本出版（安德遜——Nels Anderson 與林特曼——E. C. Lindeman 合著）。此後類似的著作乃與日俱增。

派克在那篇都市論文中所講的有這幾點：(1)都市計劃與地方組織；(2)實業組織與道德秩序；(3)次級關係與社會控制；及(4)性情與都市環境。他認爲都市是一種心理狀態，是自然的產物，特別是人性的產物，故在都市環境中研究人性乃是最好的場所。他提出許多關於研究都市現象的建議。一九二九年他又發表一篇「都市爲一社會實驗室」，刊登在史密斯（T. V. Smith）與懷特（L. White）主編的「芝加哥：社會科學研究中的一個實驗」內。在這篇文章裡，他指出都市社會學爲人類社會的概括科學之基礎；都市使人有別於其他動物；人創造都市而重造自己；社會問題根本就是都市問題；解決行爲問題應從改變環境着手。派克的這兩篇文章，尤其第一篇，影響很大。它們成爲芝加哥大學社會學系的人研究都市的指南。他們被稱爲芝加哥學派，對於都市社會學的建立實有很大的功勞，而派克乃其領導者，故被稱爲都市社會學之父。除他之外，其同事浦濟時及其學生麥堅芝與瓦滋（L. Wirth）也都有很大貢獻，其中尤以浦濟時和瓦滋後來所提出有關都市研究的理論影響特別大，這些將在第五章內另爲闡述之。

在這個時期內，不但美國許多社會學家注意研究都市，若干人類學家也加入這種研究的隊伍，其中最著名的是林特夫婦(R. S. Lynd and Helen M. Lynd)與華納（W. L. Warner）。前者於一九二九年出版「中鎮」一書，轟動一時，十年後又繼續出版「轉變中的中鎮」。他們是以中鎮爲代表來研究美國當代的文化，從家庭、營生、宗教、政治、娛樂、及教育這幾方面來考察市民的生活狀態。至於華納與其同事則自一九四〇年代起發表一套題名爲「楊基都市叢書」，着重於都市階層化方面的探究和分析。人類學家的這些研究雖然很有價值，對都市社會學也有多少貢獻，但是對於這門科學的建立倒無直接影響。

(三)擴展與區分時期（一九四六年以來）

第二次世界大戰結束之後，由於人口的迅速增長，都市化的日形進展，及都市問題的日趨嚴重，都市研究亦日見注重，這是世界各國的一般趨勢，尤以美國爲顯著。一九六〇年代初期，浦濟時與包格（Donald J. Bogue）在其合編的「都市社會學」中曾指出，過去十年內都市研究已大量增加，有幾百萬美元用於都市研究計劃，社會生活的領域很少像都市社區那樣更加有深入的研究。在許多大學，尤其社會學研究院，都市社會學乃一基本課程。此外，有很多機關和私人亦加入都市研究的陣營。他們並且指出在一九六〇年代，都市研究是「巨大的業務」，出版的報告、課本、及專集之盛多而迅速已非一人全部時間所能閱讀。都市社區的知識範圍之擴展其前途之光明乃前所未見。（註三）如將其近二十多年來的發展趨勢作比較的觀察，我們大致可以發現有以下幾個特點。

(1)研究範圍的擴大　過去所作的研究多半限於某些特殊都市本身及其問題，至此時期則注意到都市的郊區及邊緣，都市化的影響，以及鄉村與都市的連續性（rural-urban continuum）等現象的探討，同時許多學者亦擴大其視線，注意研究其他國家的都市化問題，而這種研究又特別得到聯合國的支持。例如，聯合國教育科學文化組織出版的「亞洲與遠東的都市化」（一九五七年），及「拉丁美洲的都市化」（一九六一年），皆係由美國社會學家浩塞（Philip M. Hauser）主編的。

(2)研究問題的新發展　在此時期內，都市社會學家注意研究的問題有些仍爲前期之續，但有些則係新發生的。其注重點有：都市人口的遷移與增長，少數民族的地位，區位組織，區位與社會關係，都市發展與都市化的過程，社會互動（尤其直接的互動關係），少年犯罪行爲，老年問題，都市結構及其功能，權力結構，社會階層，大衆傳播，社會制度（其注重點與前期的稍有不同，此期內所注意的乃影響廣泛的都市社會制度，如實業公司，娛樂與閒暇，家庭與家庭計劃等），新近又注重研究種族的擾亂（特別是黑白人的衝突），青年的反叛及吸毒行爲，以及大學教育問題等等。

(3)理論與方法的注重　過去多偏重於都市事實或經驗資料的搜集，及都市特殊問題的描述，比較零碎，迄此時期內則比較注重都市類型的探究及理論的系統化，更注重研究方法的檢討，尤其都市現象的統計或數量分析。

(4)比較都市社會學的發展　過去美國都市社會學家多集中於其本國少數都市的現象之考察，而提出概括論斷，本期內便開始感覺其文獻之不足而有所偏差，同時又由於外國都市研究的增進，以及文化交叉研究的推廣，於是比較都市社會學也隨着發展，此可能是今後必然的趨向。美國社會學家當中特別向此方面努力的有史若堡及達維斯（Kinsley Davis）等。（註四）

以上所述乃都市社會學在美國發展之梗概。由於美國的影響，它已被公認爲社會學的一箇主要部門或一門特殊社會學，雖然它本身並未普遍地被承認爲一門科學。又由於晚近世界各國都市化的加速推進，都市研究，在美國之外，也因之日漸增加，雖然其中有很多並不屬於純粹社會學範圍或是由社會學家所作的。茲以英、日兩國的爲例約略述之。

二、英國都市社會學的發展（註五）

雖然都市社會學作爲一特殊社會學創始於美國，但都市的實地研究則是英國在美國之先，而且有些地方乃是後者受前者的影響。浦濟時曾經指出，美國的都市研究，如芝加哥學派所代表的，應該溯源於霍爾館（Hull House）的芝加哥研究，這是前面已經講過的，而霍爾館却是仁亞當（Jane Addoms）女士到倫敦去參觀湯恩比館（Toynbee Hall）後，直接受其影響而建立的。（註六）自從工業革命之後，英國的都市化進展迅速。一八三一年大不列顚的都市人口占全國總人口的百分之三四，迄一九三一年增至百分之八〇。由於人口向都市集中，造成都市各種社會問題，尤以貧窮爲甚。因此，有識之士起來大聲疾呼，以求補救。可是他們的呼喚多乏經驗資料爲依據。具有科學頭腦的查禮士布斯（Charles Booth）因見及此，於十九世紀末葉乃開始從事實地調查，而將其結果自一八九三年至一八九七年出版其巨著「倫敦居民的生活與勞動」（*Life and Labour of the People of London*），描述倫敦勞工階級的貧窮狀態。這不但對英國的社會政策刺激很大，同時也成爲近代社會調查運動的一箇先鋒，後來英國以至美國的許多都市調查與研究便直接或間接受其影響，甚至以其作爲模範。（關於他的研究方法詳見下面第六章）

根據當代英國都市社會學家格拉斯（Ruth Glass）的陳述，維多利亞女皇時代的社會研究會產生了大量經驗社會學文獻，在許多方面直至如今還無人能出其右，其中主要屬於都市的研究。這些文獻可分爲三大類；即：社會抗議的、指導社會革新的、及對社會在時間與空間上作廣乏觀察的——在當時的社會互動中尋求將來的趨勢。這三者固然不能作嚴格的區別，它們共同之點在乎對社會變遷皆有直接與趣；它們對於事實的搜尋、分析、及報導都有其確實目的。第一類的目的是暴露各種社會病態，而沒有建議補救的辦法。第二類的目的在制定短期的和直接的社會政策，其作者於是從事觀察或考察貧窮的現象，以便發現其原因，然後提出補救的建議。第三類的目的則側重制定長期的，而非短期的或特殊的社會政策。無論是關於長期的或短期的，直接的或間接的社會政策，其論著總包括有多方面的社會現象，並且常注意到它們間的相互關係，從較爲廣大而可以證實的境界來觀察和解釋所探討的特殊現象。這樣的文獻可說是屬於眞正社會學的。布斯的調查以及後來一九三〇年代倫敦大學社會科學家繼其傳統所作的新倫敦調查就是好例。可惜的是，因爲受兩次大戰和經濟恐慌的影響，同時又因爲英國人對都市生活素有反感，英國的都市研究和都市社會學之發展也受了限制，尤其到了第二次大戰時期，布斯的傳統和實驗都市社會學差不多是消失了。然而，近二十多年來倒有了新的都市研究發展，主要屬於三箇範圍，即：人文地理學、都市計劃、及社會人類學。可是這些都不屬於布斯的傳統，也不完全合乎社會學的觀點，而是比較零碎，和缺乏系統。晚近英國已設有都市研究中心，在格拉斯夫人領導之下，很有助於都市社會學的發展。她認爲英人對其城市最乏了解，而主張將都市研究的視線放大，對都市要有新的看法，同時注意到都市的離異性和統一性。比較觀之，直至目前爲止，英國的都市社會學比美國的要落後得多。

三、日本都市社會學的發展

在亞洲國家中，日本的工業化最早也最迅速。自第二次世界大戰結束之後，它雖爲戰敗國，但因爲獲得美國的衞護和支援，同時也由於日本國民自己的勤勉努力，其復興也非常之快。它受美國的影響既大，其人民也多方效法美國。它的領域既然因戰敗而縮小，其人口只好集中於本土。在這種種情況之下，日本都市化的進展乃必然趨勢，因此而產生許多都市社會問題也是難免的。在其所受的美國影響當中，從社會科學的立場來看，特別値得我們注意的是社會學，其發達情形可說僅次於美國。據統計，日本設有社會學碩士課程之學校有十九箇，其中設有博士課程的十五箇，此外未設有研究所而有專設社會學課程之學校計十二箇（以上未包括社會工作方面的）。（註七）又由於都市化的進展以及都市社會問題的增多，都市研究也就得到人們的注意和提倡，這就是說，都市社會學自然有其發展機會。玆將佐佐木哲郎關於日本都市社會學的報導，譯述於下，作爲參證。

迅速的都市增長導致都市社會學的發展。雖然奧井福太郎（已故）曾經做過東京的區位學研究，而鈴木英太郎也曾提出一箇都市社會學綱要，但是在戰前都市社會學並沒有充分發展。戰後不久，社會學家的注意力便移向社會問題，尤其是娼妓、犯罪集團、及公共福利的研究。

自一九五五年起，都市的物質情況有了改進，戰爭的遺跡已被新的發展和建築所掩蓋。擴張的經濟吸引了鄉村人民到都市去；人口、工業、及文化機會大大地集中於主要的都市地區。在一九六二年十月，政府公布國家發展計劃，其目的在使工業分散化，經由在俱備工業發展條件的地區建立新的都市。此一政策刺激了已經有尖銳競爭的都市去爭取新的工業設施以便有資格取得政府的投資。在大都市周圍的地區內，住宅與工業的迅速擴張也造成政治、經濟、及社會問題。於是，經由工業化的社區發展便給社會學家很好的機會去研究都市化的問題——都市政治：中央、郡縣、及都市政府間的關係；都市領袖；

都市經濟結構；贊成和反對工業發展的市民組織；農民、漁民、市民與工業間的衝突；以及對社區發展的態度。社會學家當中有好些人係積極從事都市地區中社區發展的研究者。

迅速的都市化在日本引起有關鄉村與都市間同異的理論問題。許多年前柳田國雄和有我喜左衞門主張鄉村社會組織三箇基本特徵——同族、小組、及鄰里，在日本都市中也存在。許多社會學家，雖不完全接受這箇觀點，覺得必須注意鄉村與都市間的密切關係。他們相信將都市與鄉村作太顯著的區分是不智的，忽略了包括都市和好些鄉村的整箇社區之研究，這也是不智的。都市化的廣泛發展使鄉村社會學與都市社會學之界限更加模糊。（這種發展趨勢相當類似於英美的）

人文區位學的研究影響了都市社會學家，慶應大學矢崎武雄曾因此對東京及日本其他城市提出一箇理論模式。九州大學鈴木宏寛對都市社會結構曾有新的解釋，並在日本北部研究了一箇工業都市。北海道大學的社會學家，在鈴木英太郎影響之下，所作的都市研究係着重在交通網及其影響。（註八）

據本人最近接到江亮演君從東京來函告知，日本現在有二十多箇大學開有都市社會學課程，有名的都市社會學教授計十多位，其中尤以磯村英一、奥田道夫、及小山榮三爲最著名，已出版的都市社會學論著約有三十種左右。

以上關於日本的報導雖屬簡略，但大致可窺見其一斑。如拿日本的來和美國的作比較，顯然尚差得多，然而比諸其他國家則有過之而無不及。

附註：

註一：Bernard Berelson, "The Study of Public Opinion", in *The State of the Social Sciences*, edited by L. D. White (1958) PP.299~318.

註二：E. E. Bergel, *Urban Sociology* (McGraw-Hill Book Co. 1955), PP. Ⅶ~Ⅷ.

註三：E. W. Burgess and Donald J. Bogue (Editors), *Urban Sociology* (The University of Chicago Press, 1967, First Phoenin Edition, 1967) PP.V and I.

註四：See the following: "The Sociology of Urban Life: 1946–1956", in Hatt and Reise, *op. cit.*; "Comparative Sociology"; by G. Sjoberg, in *Sociology Today*, edited by Merton, Broom, and Cottrell (New York: Busic Books, 1959); "Recent Urban Sociology in U.S.A.", in *Readings in Urban Sociology*, edited by R. E. Pahl, London: Pergamon Press, 1968) PP.20~26.

註五：See: "Urban Sociology, by Ruth Glass, in *Society—Problems and Methods of Study*, edited by A. T. Welford *et. al.* (New York: Philosophical Tibrary, 1962) and "Urban Sociology in Great Britain", by the same author, in *Readings in Urban Sociology*, edited by R. E. Pahl, *op. cit.*

註六：參閱龍冠海著「社會調查與社會工作」內「仁亞當與社會服務」篇（三民書局，民國五十九年）。

註七：參考呂秋文作「日本社會學之回顧與展望」（文藝復興月刊，第八期，民國五十九年八月十六日）。

註八：Tetsuro Sasaki, "Sociology in Japan: Current Trends", (*American Behavior Scientists*, Vol. XII, No. 3, January–February, 1969).

第三章　都市社會學的範圍以及與其他學科之關係

一、都市社會學的範圍

顧名思義，都市社會學乃是以社會學的觀點或立場來研究都市社會現象的，它的考察對象就是都市；凡是在都市範圍之內所呈現的現象皆在其研究之列。這樣的解釋，表面看來，似乎沒有問題。依一般人的常識或經驗來看，所謂都市是一個相當顯著而具體的東西，它的範圍也十分確定，何必再加以說明。然而，我們如果拿古今中外所謂都市來做爲比較，事情並非如此明顯，因爲都市有大有小，有舊有新，有同質與異質之別，又在此國稱爲都市的而在他國卻算爲鄉村。此外，有的大都市不但包含有好些鄉村，而同時也包含有其他的市鎮。事實即然如此，都市社會學的研究範圍並不如一般人所想象的那麼容易確定。事實上，其他學科也一樣，沒有那一門能够劃地自封，指定那一領域一定是屬於他自己的，毫無伸縮性。自然科學不能如此，社會科學更不能如此，因爲人類社會是一龐大而複雜的體系，其中各部份是互相關係，互相依賴，也互相影響的，而且又是常在變遷之中。因此之故，關於這門學科之課本也有各種不同之名稱。除用「都市社會學」外，尚有「都市」、「都市生活社會學」、「都市社區」、「都市社會」、「都市與社會」、及「都市區域社會學」等等。（註一）

依英國都市社會學家格拉斯說：都市社會學一詞只是一概括名詞，通常用來包括許多不同的研究範圍，用不同的方法和在不同的地方，個別的或一般的，論述都市結構與發展的各種現象。這樣的研究彼此之間並沒有密切的相互關係，而且日形分岐成爲獨立的、專門的考察。

在傳統的社會學初階裡，於都市社會學的標題之下，我們首先應該包括一切屬於都市背景的社會現象之研究。換言之，存在於市鎭中任何事物的考察——一個社會團體、制度、組織、或問題，一個社會結構或其任何一部份——皆能包括在內，不管這樣的考察是廣泛的或深入的，地方性的或比較性的。於是，這樣的項目表所包括的可以從有名的大規模之都市貧富調查（用計量和描述方法合幷做的）到購物習慣、親屬模式、或幾家隣里關係的詳細探究。

在理論上，這樣的一個項目表是列舉不完的；但在實際上，隨着都市化而來的實際問題之研究已經可分爲若干部門；而在社會科學中隨着學術界的興趣而轉變其注意焦點也是如此。故依探究立場，我們可以將都市社會學大致劃分爲以下幾個部門，雖然此種分類並非嚴格的。

㈠偏向政策性的都市調查，集中於都市中社會改革的需要，如：就業、生活標準、住宅、營養、社會服務、犯罪、及其他方面的社會解組。早期的這一種調查是比較廣泛和影響深遠的，着重都市團體及制度所需要的實際改革。新近的這類調查則比較專門化，如教育的特殊方面，都市計劃、公共衞生、及社會病態等。

㈡少數民族團體與種族關係的研究。

㈢社區研究，包括特殊都市地區的隣里與直接團體的研究。

㈣都市中的社會現象與都市背景本身的研究，其主要考察對象是都市狀態的結構與類型及都市化，這是都市社會學最重要的部門。（註二）

以上係譯述英國都市社會學家格拉斯對都市社會學範圍的劃分法。這與美國都市社會學家的劃分法頗有不同，而美國各家的也各有差異。派克最先指出都市生活的社會學探究有三大領域，即：都市的區位、都市的社會組織、及都市居民的心理。這後來成爲芝加哥學派的研究指針。查自一九二〇年代起，直至現在，美國所出版的都市社會學課本，至少有一打以上，可是沒有兩本對這門學科的範圍的劃分是完全一樣的。茲例舉三本比較著名的爲例，以資比較。

採用最廣，也就是最有名的一本是季斯特與法巴合著的「都市社會」，（這書原是季斯特與郝爾伯——L. A. Halbert 合著，於一九三〇年代首次出版，後來因郝爾伯過世乃改由法巴合著，迄一九六八年已出至第五版，每版都有好多次的重印本，可見其銷路之廣，經歷時間之久，實非其他任何同類之課本所能及）。其內容分爲五部份，也就是五個範圍，如下：（註三）

㈠都市的成長——包括都市的起源與發展，歷史上都市成長的情況，美國的都市化，當代世界都市化，都市的種類與類型——（第一至第五章）。

㈡都市區位——區位的探究，區位的隔離，區位的變遷、侵入、及承繼，都市與附都市（Suburban

）住宅區，都市制度的區位，都會區域與都市佔優勢——（第六至第十一章）。

㈢都市生活的組織——都市化：過程與撞擊力，都市區位體系，都市職業，科層制組織與權力，都市家庭生活在變遷中，志願結合與隣里互動，閒暇與都市生活——（第十二至十八章）。

㈣都市生活的社會心理——都市中的個人組織與解組，都市移民的調適，都市中團體間的關係、交通、輿論、及社區，都市的影子——（第十九至第二十三章）。

㈤都市住宅與再發展的社會觀——都市住宅、計劃——（第二十四章至第二十五章）。

第二本比較著名的課本是柏芝爾（Egon E. Bergel）的「都市社會學」（一九五五年出版），在這裡面他將這門學問的研究範圍大體上分爲以下幾個部份：（註四）

㈠歷史的探究——都市的興起（包括古代的、中世紀的、及近代的）。

㈡經驗的探究——以美國的紐約和法國的巴黎作爲例子來比較美洲和歐洲都市模式之同異。

㈢社會地理——包括都市的位置、區位模式、及區位模式的變遷。

㈣類型——包括都市的大小、密度、與空間的類型，以及功能的類型。

㈤人口——包括結構、動態、及異質性所產生的問題。

㈥都市的基本制度形式——包括都市家庭、宗教、及娛樂三種。

㈦都市的統治——包括市政府的組織、行政、及財政。

㈧都市的病態——包括死亡與疾病、邪惡、犯罪、與政治腐敗，以及貧民窟。
㈨治療——包括住宅、計劃、及社區發展。
㈩都市生活的將來。

第三本是郝特與瑞斯（Hatt and Reiss）合編的「都市與社會——都市社會學讀本」（一九五一年首版，一九五七年修訂版）。這是一本都市社會學精華文選，雖然不能算是正式的課本，但其中所選的六十二篇文章皆係代表之作，相當有名。編者將這些文選歸爲以下九類，這可以說就是他們給都市社會學所劃分的研究範圍。（這裡所用的是一九六一年修訂本的第三版）（註五）

㈠都市的性質；㈡都市化與人口分佈的性質及範圍；㈢都市聚集的歷史；㈣空間與時間上的都市模式；㈤人口結構與生命過程；㈥階層結構與過程；㈦制度與組織結構；㈧都市居民：人格與社會參與；及㈨都市爲人口製品。

據上以觀，可見各家的劃分範圍方法頗不一致，比較言之，似乎季斯特與法巴的較爲可取。如拿其他都市社會學家的著作來加以比較而綜合之，都市社會學的研究範圍大概不外乎這幾個：

㈠都市的歷史（包括它的起源與在歷史上的發展過程）。
㈡都市的位置（即在空間的分佈狀態）。
㈢都市的區位結構與社會組織（包括都市本身或內在的構造形狀與人口組合，社會階層，以及社會結合和社會制度之種類與其互相關係——這些可說是屬於都市靜態方面的研究）。

(四)都市的動態（包括都市內部的變化或區位過程，以及都市化的過程）。

(五)都市的社會心理（包括都市人格、集體行爲、大衆傳播、及社會控制等）。

(六)都市的社會問題（如貧窮、犯罪、娼妓、及疾病等）。

(七)都市的導進（包括社會行動、都市計劃、都市更新、及都市社區發展等）。

上列七個範圍並非絕對的或固定的，而是彼此之間有多少重疊或連帶關係的。從社會學（視爲一門經驗科學）的立場來看，其中三至五項尤爲重要，一般都市社會學家大概都以此爲其主要研究對象。

二、都市社會學與其他學科之關係

任何一門學科都不是能够獨立存在，而是與其他學科多少有關係的，而都市社會學更不能例外，從上述它的研究範圍觀之，這是顯而易見的。都市社會學雖然屬於社會學的一部門，但它所牽涉的知識似乎比純粹社會學還要廣。蓋都市乃一完全的社區，包括人類生活的各方面，差不多等於一個社會或國家的縮影。像歷史上的城邦，即以一個都市代表一個國家。現代的大都市甚至比一些小的國家，其範圍還要大，組織也更爲複雜。因此，以它爲研究對象豈不是就等於研究一個國家？今試將都市社會學所牽涉的主要學科約略分述於后。

歷史學　都市是怎樣起來的？從何時開始？它在歷代的發展情形如何？因何有些時代興盛，而有些時代又衰落？就以現存的某一特殊都市來說，都市社會學家固然注重它的現狀或現有問題之探究，但是它的來源是什麼？如何成爲這個樣子？爲了解答這樣的問題，都市社會學家就不能不參閱有關的歷史記載，也就是不能不借助於史學了。

地理學　都市的起源、位置、建築材料、擴張範圍、分佈狀態、以及交通運輸系統等等，與地理現象，如地形、氣候、雨量、河流、港口、土壤、及自然資源之類，莫不有密切關係，故研究都市的人需要了解其地理環境，這種知識只有取自地理學，尤其是都市地理學（Urban Geography——這是晚近發展出來的一門學問）。根據梅亞（Mayer）與柯恩（Kohn）說，都市地理學家的中心課題是位置、面積的範圍、以及各種都市功能間的互動。這些因素的知識乃對於考慮這樣的問題所必需，如：城市與都會地區內運輸路線和設備之數目，性質及位置的決定，每種土地利用之適當發展所需面積的數目和位置，個別設施如工廠、商店、學校、及住所位置等等指定，使每一種及整個都市得到最高的效果，以及一個都市的經濟與物質模式對其將來發展方向和性質之關係的估價。（註六）這些問題實與都市社會學密切有關。

區位學　這是研究生物與空間關係的學問，應用於人類時稱爲人文區位學（或稱人類生態學），是研究人及制度與空間的關係。都市區位是屬於它所研究的一個範圍。它所運用的若干概念，如：自然區、隔離、集中、集中化、佔優勢、侵入、承繼、社會基圖等等，在都市社會學裡也常應用，且大有助於都市現象及問題與空間關係的了解。

人口學　都市是人口聚集的地區。人口集中的多少，分佈的狀態，出生與死亡，遷移的數量，性別及年齡的分配等等，凡這種種現象與都市的發展和性質皆有密切關係，也可影響都市的許多問題。人口學現已成爲一專門學科，特別注意都市人口的探討。因此，研究都市社會學的對於這門學問的知識乃是不可缺少的。

經濟學　都市乃人們共同營生的地區，爲工商業及各種服務業的集中地。經濟學專門研究人類營生活動或經濟行爲，包括生產、勞力、消費、分配、交易、組織及管理等。這種行爲在都市裡表現得最爲顯著，故經濟學在這方面的研究也更加深入而詳明，都市社會學家要想了解都市居民的經濟生活，則不得不參考經濟學家的研究結果。

政治學　從政治方面來看，都市乃一地方自治團體，有其自己的政府和法律。專門研究這種現象的市政學係政治學的一部門。這門學科所提供的知識自然有助於都市社會學對市民的政治行爲之瞭解。市政府對整個都市有整合的作用，爲市民的安全所繫。大凡市政設施之優劣常足以影響市民對市政府態度之好壞。市政學除了分析和比較市政功能的得失外，常提供其改進的途徑。這些都是值得研究都市社會學者做參考的。

社會心理學　近三十年來社會心理學已發展為一相當專門的學問，應用實驗的方法於經驗的研究，而被視為中心社會科學之一，與社會學、文化人類學、經濟學、及政治學並駕齊驅。它所考察的主要對象是人的行為與其社會環境的相互關係。都市乃人的生活環境之一，這種環境跟着都市化的進展而擴大。那麼，都市生活對人性、人格、及人的態度和行為究竟有何影響？過去一般學者，包括社會學家及心理學家，都認為都市居民與鄉村居民在心理上有很多差異，也呈現有不同的人格特質。但晚近經過社會心理學家的研究結果，過去所假定的各種差異並沒有很多事實為根據。（註七）這種知識對於研究都市社會學的人，在討論都市心理的時候，是很值得加以注意的。

社會工作　自本世紀以來，社會工作已被列為一專門學科，一門應用社會科學。它根本起源於都市，也隨着都市的發展而興盛。它的目標是研究都市中有問題的個人、家庭、或其他團體及附社區，而為其服務或解決其需要。因此，在這些方面，它可以供給研究都市問題的人很多實際的資料，幫助他瞭解都市的病態及其治療方法。

除上述學科外，尚有犯罪學、教育學、新聞學、公共衛生學、公共工程學、及建築學等與都市生活也有關，其所提供的知識也都值得都市社會學加以利用，藉以明瞭都市的現象和問題，這裡不必多贅。

總而觀之，都市社會學的研究對象雖只限於都市社會，但是所涉及的知識範圍却很廣，這不是都市社會學家所能包攬的，而必須借助其他有關學科所提供有關資料，以便充實其內容。其實，任何一門科學的建立和發展也都是如此。

附註：

註一：例如：Rose Hum Lee, *The City* (J. B. Lippincott Co. 1955); T. Lynn Smith and C. A. Mc-Malan, *The Sociology of City Life* (The Oryden Press, 1951); Nels Anderson, *The Urban Community* (Henry Holt and Co., 1958); W. E. Cole, *Urban Society* (The Riverside Press, 1958); P. K. Hatt and A. J. Reiss, Jr., *Cities and Society* (The Free Press, 1961); Alvin Boskoff, *The Sociology of Urban Regions* (Appleton Century Crofts, 1962).

註二：Ruth Glass, "Urban Sociology", *op. cit.*

註三：Gist and Fava, *Urban Society*, *op. cit.*

註四：E. E. Bergel, *Urban Sociology*, *op. ci*.

註五：Hatt and Reise, *Cities and Society*, *op. cit.*

註六：Haroid M. Mayer and Clyde F. Kohn (eds.), *Readings in Urban Geography* (The University of Chicago Press, 1959), p.1.

註七：Gist and Fava, *op. cit.* Ch.19; Hatt and Reiss, *op. cit.* Ch.8.

第四章　都市社會學基本概念的檢討

任何一門科學都有它的一套概念用來描述或代表其所研究的現象。有的科學，像物理學、化學、生物學等，因爲所研究的現象及其包含的要素比較單純、確定，而易於證實，同時又因爲發展比較早，所用的概念也比較一致或標準化。但是有些科學，像心理學、政治學、及社會學等，由於它們成爲科學的年代比較晚，而所研究的現象又較爲複雜，不十分具體，變遷性也大，雖然自古以來就有人注意探討，也有其名稱，但多半屬於空談。等到這些科學建立之後，它們所用許多概念，有的是承襲過去傳下的通用名詞，有的是借用已發展之自然科學的，還有的則由研究者自己製造的。由於其所探究的現象有很多尙無法拿來做實驗，以獲得公開的證實，於是各家便依其自己的見解，運用各種名詞。有的所用之名詞雖然一樣，但是所描述的現象並不相同，有的所探察的現象一樣，但其所用的名詞却各異；甚至還有的根本不知所指，只是人云亦云。像這種情形，在社會學中更爲常見，而都市社會學亦不能例外。今試將後者的幾個基本概念分別陳述之於下，作爲例證。

都市（city——亦稱城市）　這是都市社會學中最基本的，但同時也是最難下定義的一個概念。這在第一章裡已經提及，並暫時做了一個綜合性的解釋。今試再作進一步的說明和分析。據最早的象形文字代表都市的符號是一個十字包圍在一個圈內，如⊕。其中「十」字代表道路將人們、商品、及思想輻合在一起，圈則代表壕溝或圍牆，以此表明其特色。（註一）這和我國文字中「都市」與「城」二詞的解釋有點相似。根據辭海，「都市」一詞的註解是：「謂通都大邑，人物湊聚之處也。」「城」字的註解是「城郭也，都邑之地，築此以資保障者也。」至於英文 city 這個字依照韋斯特大詞典是來自拉丁文 civitas，意指「一團體的人構成一個在政治上有組織的社區」。又在「都市」一詞之下所做的明確註解是：「一個比較有永久性和高度有組織的中心，包括有各種技能的一個人口集團，在糧食的生產方面缺少自足，而通常主要地依賴着製造業和商業以滿足其居民的需要。」（參考Webster's Third New International Dictionary）

近代在社會科學中給都市所下的定義，因所用標準不同，更是衆說紛紜，莫衷一是。其中比較常見的標準有下面幾種。

㈠法定的標準　一個地方由較高的政府權威賜予特許狀或憲章（Charter）便宣佈爲都市。這是法定的界說，在西方國家比較盛行，但在東方各國却不能完全應用，因爲它們的都市很多從來並沒有特許狀。就在西方，這種做法在歷史上也是較晚才有的。無論如何，一個地方是不是都市，不能僅依法律的手續來予以確定。

㈡人口的標準　這又有兩種辦法，一是人口數量，二是人口密度。前者主要是爲人口統計上做地方劃分的用途。這首先是西方國家所採用，後來也爲東方國家所仿效，但是各國所定的人口數量標準很不一致。例如，歐洲國家多數依照法國在一八四六年所定的例，以二千人爲準，在此人口數目以上的地方爲都市，在此以下的爲鄉村。這個標準在一八八七年曾獲得國際統計局的批准。美國最初所定的標準爲八千人，後改爲四千人，最後再改爲二千五百人。埃及的標準爲一萬一千人，日本的爲三萬人，韓國的爲四萬人。可見其彼此差異之大。照人口數量的規定，兩個地方的人數相比，若只多或少一人，則有被列爲都市或鄉村，這未免太武斷而不顧到事實了。至於拿來做國際的比較，那就更容易引起誤解。因爲有些國家所定的標準低，其都市人口所占全人口的百分比當然就高，而有些所定的較高，其都市人口所占全人口的百分比當然就低。又如拿人口數目比較，依這個國家的標準，一個地方應列爲都市，而依另一個國家的則只能歸爲鄉村。再就居民生活方式或文化水準來看，人口少的地方不一定就是屬於鄉村的，而人口多的地方也不一定就是屬於都市的。要之，若依這種標準來判斷各國都市化程度的高低，顯然是不妥當的。（註二）

至於以人口密度爲標準，各家的見解亦不一致。例如，美國人口學家韋爾谷（Walter F. Willcox）曾經建議，每平方英里人口在一千人以上的地方爲都市，而美國地理學家耶佛遜（M. Jefferson）則主張每平方英里人口在一萬人以上的地方爲都市。不管是以一千或一萬爲標準，這都很難令人滿意，在實際上也很少人採用。

㈢職業的標準　美國都市社會學家柏芝爾認爲以職業來劃分都市與鄉村最爲重要。凡是一個人口聚集中多數居民是從事非農業活動的就稱為都市。（註三）事實上，採用這個標準的國家有意大利、以色列及蘇聯等。

㈣社會結構的標準　以職業為標準雖然比較可取，但尚不足以表明都市的實際狀態；因此，有些學者提出多種標準來做綜合的判斷。例如，著名的社會學家沙樂堅與齊麥曼兩人列舉八個特徵作為區別都市與鄉村之標準，即：⑴職業，⑵環境，⑶社區的大小，⑷人口密度，⑸人口的異質性或同質性，⑹社會的區分與階層，⑺流動性，及⑻互動的體系（即接觸的數目和種類）。（註四）又英國考古學家柴爾特（V. Gordon Childe）也提出以下十個標準作為都市的界說：⑴專業人員，⑵多而稠密的人口，⑶巨大的美術，⑷文字及數字符號，⑸正確的和預測的科學（如算術、幾何學、及天文學），⑹賦稅，⑺國家，⑻大的建築物，⑼國際貿易，及⑽階級結構——差不多古來所有的都市皆有這些特質存在。（註五）這些學者所提出的標準互相比較顯然頗有出入，其中所列舉的各種特質在下章內將另予論述，作為他們對於都市形成或結構的一種理論。我們在這裡應該注意的是：他們認為都市之所以成為都市係由許多種要素所造成，並且這些要素的同時存在和彼此連繫，互相依賴，乃形成都市特有的結構模式，有異於鄉村的。這可說是更近乎事實的看法。

不過這些要素的出現卻並非在各時代、各地方的各都市中完全一樣或同等比重，而是各有差異，因而構成各種不同的都市模式。好比人格，沒有兩個人的是完全相同的，因為形成人格的特質有多種，同時又受不同的遺傳和環境因素的影響，便造成各種不同的人格體相（personality configuration）。但是，各人的人格雖然不完全相同，可是比較觀之，仍有多少類似之處，於是依其同異而分類，又依各個分類者的觀點或所採取標準的差異，便有各種人格類型及其分類方法或學說。都市亦是如此，可有各種不同的分類法，也就有各種不同的都市名稱。茲舉數例以明之。

依時代來分，有古代都市、中古都市、及現代都市之別。按空間來分，有所謂東方都市與西方都市之稱。（註六）而西方的又可分爲歐洲的與美洲的。

依都市的政治劃界來看，有的都市聚集只佔劃界面積的一部分，而其餘的部分則包括有鄉村或農村，這稱爲境界過大的都市（overbounded city）；反之，有的都市聚集是超出它的政治劃界，這稱爲境界過小的都市（underbounded city），大多數工業國家的都市皆係屬於這一種。

依其居優勢的商業中心來下界說，有的都市只有一個這樣的中心，其主要的交通運輸路綫皆以此爲出發點，這稱爲單核心都市（nucleated city）；又有的都市並沒有單獨的居優勢商業中心，而是分爲幾個市區，每區有它自己的商業中心和區位組織的模式，這稱爲多核心都市（polynucleated city）。

比較最常見的都市分類是以功能爲標準。不過就這一方面來講，各家的分類及其名稱也不完全一致。茲以季斯特和法巴的爲例如下：(1)生產中心，(2)商業都市，(3)政治首都，(4)文化或教育中心，(5)遊樂都市，及(6)軍事首都。（註八）按照主要功能來區別各種都市，雖然可以顯示其主要特徵，但是事實上很少都市是僅有一種功能的，而總是兼有多種的，故依某一主要功能來區分都市，也不見得完全適當。晚近又有人將都市分爲前工業的與工業的兩個類型，其理論將在下章述之。此外尚有其他的分類法，（註九）恕不贅述。

總而觀之，都市係一複雜而變異很大的現象，不是用一個概念所能解釋，（註十）現在甚至於有人說，傳統上所謂都市已在消逝之中，該名詞行將作廢。傳統的或古代的都市多半有城牆，其界限比較清楚，若稱之爲城市較爲妥當。而現代的都市，已無城牆爲界或不受城牆之限制，而向外伸張，侵入鄉區，使鄉村與都市難以辨別，如此發展下去，傳統的都市概念顯然是不能適用的了。

都市社區(urban community) 此一概念在都市社會學中也是常見的，但其意義也是相當含糊的，而有各種不同的解釋，要看使用它的人對於都市與社區二者所採取的觀點或所下的界說如何而定。都市的概念前面已經說過，至於社區一詞的解釋更是紛殊。根據希拉里（G.A.Hillery)的研究結果，他發現社區的定義竟有九十四個之多。不過按照社會學上一般用法，社區是指有確定地理界限的社會團體，即人們在一特定區域內共同生活的組織體系，普通稱爲地域團體。這種團體至少有三個要素：第一，它是有境界的一個人口集團；第二，它是一個或多個共同活動或服務中心；第三，它的居民具有地緣的感覺或某些集體意識或行爲。(註一一)通常將社區別爲鄉村與都市兩大類型。這裡我們專就都市社區來講。事實上，都市社區與都市或城市可以是一樣東西，但也可以不完全相同，因爲依照廣義的都市或社區來說，任何一個都市同時也是一個都市社區；然而，有的都市社區卻不一定只是一個城市，而可能包括一個以上的城市或若干鄉鎮在內，故其範圍可能比較大些。例如一個大都會，除了一個中心城市之外，尚包括若干附屬於它的鄉村、鎮集、或衛星城市，而整個都會地區（metropolitan area）即稱爲一個都會。又一個比較大的都市也常被劃分爲若干市區，或包含有若干自然區（natural area），具有其獨特文化或民族特徵，與其他市區的不同，甚至彼此有多少隔離，而這些皆可稱爲該都市的「附都市社區」。社會工作裡所講的社區組織或都市社區發展，通常就是以這樣的市區爲範圍。如此看來，都市社區的概念極爲籠統，所指的範圍可能大至一個大都會，小至一個鎮集或都市內一市區。故應如何使其標準化，實爲都市社會學上的一個大問題。

至於所謂「都市社會」（urban society）乃爲更抽象的一個概念，普通是指在都市範圍內社會體系的結構與功能及其互相關係的總體。在其具體表現上，任何一個都市或都市社區以及大都會，皆可稱爲都市社會。

郊區（suburb）　郊區或市郊是指一個都市附近的社區。這種社區主要是都市化的住宅區，故稱爲「住宅郊區」（residential suburb），但也有以製造業爲主的市郊，這便稱爲「工業郊區」（industrial suburb）。無論那一種，它們總是有一個大都市爲中心，而處於此中心都市法定疆界之外。故在政治上它是獨立的，但在經濟與文化上是依賴着中心都市。如加以分析，郊區大致包含這幾個特徵：㈠都市化的社區；㈡在一中心都市界限之外，並且在政治上與中心都市分開；㈢在文化與經濟上主要是以中心都市是賴；及㈣比較特殊化的社區，其社會組織是以家庭爲中心。總之，它們多半是住宅社區，其居民在日常勞動和消費方面是靠着中心都市。這一種社區在都市化的國家中，由於交通運輸的發達及大都市人口的向外遷移，乃日形重要，故已成爲都市社會學家所注重研究的一個領域。（註一二）

都市結合地區（conurbation）此英文名詞係蘇格蘭生物學家吉特斯（Patrick Geddes, 1854-1932）在一九一五年出版的「演化中的都市」（*Cities in Evolution*）一書裡首先使用，以描述英國南蘭加郡（South Lancashire）的市鎮連接發展現象。它已被承認爲一技術名詞，也是都市社會學中一個主要概念，用以指都市密集的一個廣大地區，其範圍遠超出一主要都會的境界而包括好些在政治上獨立的市鎮在內。各城市之間雖然仍有若干空地作爲公園及遊樂場之用，也存有若干農地，但整個區域係都市建築地區，並且在各方面比較有密切聯繫。此種現象在英國稱爲 conurbation ，而在美國則多叫做都會地區（metropolitan area），而聯合國卻用「都市結集」（urban agglomeration）一詞。

又有些作者用此名詞以指好些市鎮沿着一條公路連接起來所構成的狀態。各市鎮之間的地區主要爲鄉村的，而各市鎮本身也自成一政治單位，其人口也不混在一起，但有公路作爲它們的聯繫，這種都市發展形態有時又稱爲「帶型發展」（ribbon development）。（註一三）

這顯然是都市史上的一種新發展，在英美及其他都市化國家已日形重要，但是面對着這種現象，我們還沒有一個統一名稱或標準化的概念。這是值得都市社會學家特別注意考慮的一個問題。

都市狀態（urbanism）此是指一種特殊的人類社區性質或生活方式，爲都市所具有的特徵。自從芝加哥大學社會學教授瓦茲（L. Wirth）於一九三八年在美國社會學刊上發表他的論文「都市狀態爲一種生活方法」（Urbanism as a Way of Life）之後，此名詞乃日見流行，也成爲社會學家，尤其都市社會學家，闡述都市特性時所爭論的一個焦點。關於他所提出的理論在下章將另爲敍述，這裡暫時不提。今就此一名詞的用法來講，除他原來的解釋外，至少還有另外兩種說法。一是指一個民族受都市發展的影響所形成的觀念、態度、及習慣；常用以指都市生活的特性與非私人關係性。這是柯爾在其「都市社會」一書中的說明。（註一四）另一是：都市狀態是文明的一個階段：所有較高的文明，毫無疑問的，全是都市文明。這是柏芝爾在其「都市社會學」中所講的。（註一五）還有人指出，都市狀態不只是一種生活方法，而是多種生活方法。由此看來，這個概念也還在爭議之中。

都市化（urbanization）這是近二、三十年來社會學界特別注意研究的一個問題，但何謂都市化？此一名詞也有各種不同的解釋。根據古爾特與柯爾伯（Gould and Kolb）主編的「社會科學詞典」上的註解，它有四種用法：⑴都市中心對鄉村附庸或腹地之影響的傳播；⑵人口中都市特質或特徵的出現，這是鄉村社會學家的普通用法；⑶人口集中的過程，這是多數人口學家的普通用法；⑷人口集中的過程，其中都市人口對整個地域人口的比率增加。比較觀之，在普通應用上，以第四種解釋爲最常見。

不過，實際上，若僅從人口集中的過程及其比率方面來看，尙不足以表明都市化的眞相，因爲除人口向都市集中外，同時都市也向外擴展，而將都市的某些特徵傳播至周圍，使其變成都市的模樣，或使其歸併於都市範圍之內。如受其影響的是鄉村，則稱爲鄉村都市化。故根據季斯特與法巴在其合著「都市社會」一書中的說明，都市化一詞含有受化、傳播、同化、甚至合併的各種概念。他們釋之爲過程與影響(process and impact)，意指一種文化與社會心理的過程，因此人們習得起源於都市或都市特有的物質和非物質文化，包括行爲模式、組織體制及觀念等。這個解釋將都市化視爲都市文化及社會心理的複雜影響過程，似乎較爲合乎事實。不過普通都認爲以人口爲測量標準比較客觀，也易於計算和作比較，故多數學者仍以人口的集中過程及都市人口對整個地域人口的比率作爲判定都市化的主要因素。然而，僅以人口數量爲衡量準繩，而忽略了都市生活質的方面，是否就符合乎都市化的眞相？故這個概念的運用還是有値得考慮的一個問題。

總之，都市社會學的許多概念之用法（本章所述僅是其中主要者），實在含糊而紛殊，故應如何加以澄淸和標準化，乃是研究這門學問的人今後需要努力的一個方向。

附註：

註一：R. E. Pahl (ed.), *Readings in Urban Sociology*, *op. cit.*, P. 3.

註二：E. E. Bergel, *Urban Sociology*, *op. cit.*, PP. 5–7; 龍冠海著中國人口（中華文化出版委員會，民國四十四年）四八——五三頁。

註三：Bergel, *op. cit.*, P. 8.

註四：Sorokin and Zimmerman, *Principles of Rural-Urban Sociology*, 1927.

註五：Gist and Fava, *op. cit.*, PP. 11–13.

註六：Max Weber, *The City*, *op. cit.*

註七：Bergel, *op. cit.*, PP. 56–60.

註八：Gist and Fava, *op. cit.*, PP. 81–84; Muntz, *Urban Sociology*, (1938); Bergel, *op. cit.*, PP. 150–152.

註九：L. Mumford, *The Culture of Cities* (Harcourt, Brace, and Co. 1938).

註十：Pahl. *op. cit.*, P. 5.

註一一：龍冠海著社會學（三民書局，民國五十五年）第七章。

註一二：William M. Dobriner (ed.), *The Suburban Community* (G. P. Putman's Sons, 1958).

註一三：Theodorson and Theodorson, *op. cit.*, G. Duncan Mitchell (ed.) *A Dictionary of Sociology* (Aldine Publishing. Co., 1968).

註一四：W. G. Cole, *Urban Society* (Henry Holt and Co., 1959).

第五章 都市社會學主要理論的檢討

一、都市社會學理論的性質

未講到都市社會學理論之前，我們先應該了解「理論」（theory）一詞的意義。此名詞可有各種不的解釋。據「韋斯特第三版新國際辭典」的一個註解是：「構成一探究範圍的普通參考架構之一組有聯繫的假定之概念的及實用的原理」。這個定義頗合乎一般科學上使用理論一詞的意思。（註一）

都市是人類社會的一種。對於這一種社會的探究，社會科學家所用的參考架構，包括一套有聯繫的命題及概念，作爲描述或說明都市的現象，如它的起源、形成、組織、及變遷或發展過程等，然後下概括論斷或提出一般通則，這可說就是都市社會學的理論。不過，我們在這裡需要特別加以注意的是：都市的理論與都市社會學的理論應有區別。前者可以是屬於空想的，不合乎現實的，或非經驗的探討，或是僅屬於都市現象的某一方面的陳述。關於這一種理論，在西洋思想史上是很多的，也有其長久的歷史，至少可以溯源於古代希臘的柏拉圖和亞里斯多德。至於後者則必須符合乎上面的定義，即根據都市的現實來作整個的探究，不但要分析它的內容，還要找出它具有的各種特徵及其彼此間之因果關係。這一種理論的出現乃是晚近的事。本章所要討論的就限於這一種。

二、都市社會學理論的種類

根據美國著名都市社會學家史若堡的陳述，都市社會學中的主要思想或理論，依其各個對都市探究所注重的特殊變因分類，有八個學派，今特簡單介紹之於下。（註二）

㈠都市化學派（The Urbanized School）——着重都市對人文區位及社會結構的影響。這派所注意探討的問題是：由前工業的，或農業的，或封建的生活方式轉變到工業的，或都市的，或資本主義的狀態所包含的模式和過程是什麼？

㈡「次級社會」學派（The Subsocial School）——這派常被認定爲芝加哥學派，因爲它是由該大學社會學教授派克與浦濟時所發展的。他們主張研究人在空間和時間的範圍，而以都市中的次級或附屬社會作爲變因來說明都市中所產生的模式。由他們看來，基本的次級社會變因是非私人的競爭（impersonal competition）。

㈢區位結叢（或維持）學派（The Ecological Complex "or Sustenance" School）——這可稱爲新的芝加哥學派，由若干年青的區位學家所代表的，他們當中又可分爲二支派，一支派利用區位結叢的概念而注重歸納或發現；而另一派則着重「維持」（意指維持生活活動）的概念，而偏向於應用新演繹探究法。前者所提出的區位結叢包括四個基本要素或變因被視爲在功能上是互相關係的，若是其中一個發生變化，也就引起其他的變更。後一支派注重都市化、工藝、分工、及消費的研究，而提出與這些有關連的四個命題。例如：⑴一個社會的都市化程度變化直接與分工有關；⑵一個社會的分工變化直接與消費事物的分散有關；⑶一個社會的都市化程度變化直接與工藝的發展有關；⑷一個社會的工藝發展與消費的分散直接有關。要之，他們似乎太偏重於都市現象的數量方面的探究。

㈣經濟學派（The Economic School）——這派的一個重要部分係馬克斯主義者。例如：蘇聯的社會史學家是以馬克斯的社會分類名詞來區別都市，如：佔有奴隸都市、封建都市、資本主義都市、及社會主義都市。有許多都市的歷史研究就是依此演化架構而作的。經濟學派中另一小部分的人是採用古拉克（Colin Clark）的經濟分類法，而別爲首級、次級、及第三級三種，假定各級經濟活動與各種不同的都市區位及社會結構是有關係的。

㈤環境學派（The Eavironmental School）——此學派的首倡者爲英國吉特斯（Patrick Geddes），而由美國孟福（L. Mumford）發揮其說。他似乎相信人必須與自然協調。他雖然注意討論工藝，但他所着重的是自然環境。照他的看法，都市及其居民的作用要有效果，必須調適或者甚至混合自然環境。自然環境於是被視爲一定因，人必須將其技術及社會組織對它順應。依他看來，今日社會所遇到的主要問題是自然與人類文化之間的不平衡之產物，包括人造的都市。在他的新著「歷史上的都市」中，他回顧古代雅典爲理想的都市社區，這是現代應該模仿的。這派的思想對都市社會學很少有影響，但其主要著作倒爲社會科學家所喜歡閱讀。

(六)工藝學派(The Technological School)——社會學家當中有人強調工藝變因的重要性。例如，運輸工具的發展情形對都市的分佈，都市人口及住宅等在空間的安排，直接有關。

(七)價值定向學派(The Value-orientation School)——這派主張以社會的或文化的價值作爲都市土地利用與都市社會結構之研究的主要定因。許多社會學家，如韋柏（M. Weber）、沙樂堅（P. A. Sorokin）、及派深斯（T. Parsons）等遵循這樣的假定，即：價值在都市範圍內影響其社會結構及社會行爲的許多方面；在不同文化背景的都市中，價值體系造成許多的差異。這種見解，在韋柏的「都市」一書裡有清楚的陳述。雖然價值定向的探究會受到很多批評，社會科學家收集了大量有關都市的資料，縱使不是有系統的，證明價值是不能忽視的。

(八)社會權力學派（The Social Power School）——此派的理論計劃是「特殊利益」的探究，其中權力成爲重要的獨立變因。這是由福姆（William H. Form）介紹到都市社會學裡來作爲說明都市土地利用的模式。雖然他指這種研究定向是「結構的」，可是其中所應用的主要變因爲「社會權力」，如社區或國家中各種團體所掌握的。不幸，福姆沒有追究他的理論之許多含義。他集中在地方社區的模式，而忽視利用其計劃以分析國家及國際權力鬥爭對都市發展之影響，並不僅是都市內部土地利用的模式，並且是它的成長以及社會組織。事實上，特殊利益的參考架構對於社會設計的整個範圍也能用來予以解釋。有此定向，並採用現有屬於競爭團體生活的理論，我們可以發展關於都市生活的某些一般原理。總而觀之，在社會學的著作中，對於都市社會權力在理論上的重要性尙未見有充分的發揮，而有待乎作進一步的探究。

依史若堡的見解，上述八個學派各有其優點和弱點，沒有一個是完滿的。他個人主張今後需要有更多的比較都市研究以反駁或限制現有的假設，而以更爲可用的概括論斷來代替之。這種比較研究的分析必須從理論和經驗雙方進行，而都市也必須從廣泛的社會體系中予以檢討。

史若堡的主張和結論，筆者甚爲贊成。但是他將歷年來都市社會學家，特別是近幾十年來美國的，所提出的探究都市觀點及理論分爲以上八個學派，倒很成問題。他們是否都能稱爲學派？即使能夠，又是否可分爲那麼多種？恐怕沒有任何兩個都市社會學家所能同意的。譬如，「都市化之硏究」的主編者就說，如果由他們來寫，其學派的數目就要少得多，其組織方法也將有不同。不過史若堡的見解倒可以啓發對這方面有興趣者的思想並引起他們注意討論這個特別專門的問題。（註三）此外，他還幫助我們了解社會科學家對於都市理論日加重視及其見解的紛殊。

依筆者的管見，關於都市社會學的理論，最好從這門學問所研究的中心對象，即以都市爲一社會實體，來分析它所包含的基本要素，以及它的社會組織體系。

考都市理論之產生乃是由於都市本身呈現有問題，因此引起社會科學家的興趣，而想法去研究以資了解它。有的學者從歷史上去探究，作爲明瞭現代都市的借鏡。有的對現代都市作實地考察，以發現其問題所在，而提出對策。又有的則擬訂一套參考架構藉以對都市作經驗的考證，或由個別都市作經驗的考察，然後下概括論斷或歸納爲一般原理。這三種探究法，每種都可有它的理論，也可有它的特殊貢獻。不過，從其發展史來看，前兩種比較早，而第三種卻是近幾十年來，也可以說是都市社會學建立之後，才特別注重的，而這一種也被視爲眞正的都市理論。

在十九世紀後期及本世紀初期所產生的都市理論有二個普通特性。第一、它們全都假定社會生活任何單位的特徵皆係由制度所決定，雖然它們之間有許多差異。第二、它們一般地假定人類社會是演化的或歷史的產物，故社會事件的說明包含在起源的發現。在本世紀之初，歐洲學者所提出的都市理論多半爲都市制度說（institutional theory of the city）。都市的說明着重在它的制度之特殊組織與歷史依據。各種特殊理論之差異在乎學者所用特種制度作爲中心或起源。例如，都市理論先驅古朗氏（Fustel de Coulanges）在「古代都市」一書中，以宗教爲都市的主要制度，而認定古代都市乃宗教社區。格羅茲（G. Glatz）在「希臘都市」一書裡指出家庭與社會彼此間發生不同的關係可造成許多都市類型；最初的希臘都市係由家庭所組成。梅恩（H. S. Maine）在「古代法律」一書內說明都市乃法定的結構，以契約和地域而不是以親屬及家庭爲根據。此外尚有麥特蘭（F. W. Maitland）以要塞說，久特根（Keutgen——德國）以軍事說，及馬克斯與皮亞連（H. Pirenne）以經濟制度來說明都市的起源。

與上述諸人不同的是十九世紀及二十世紀之交德國社會學家齊末爾（G. Simmel）。他不是以一種制度來說明都市的起源，而是以社會心理來說明都市的現象。在都市環境中，人類發展一種都市人的心理；這種心理是注重理智的。都市的制度也是符合於它的。在都市生活中，準時、計較、及正確乃是必須的。由於都市環境的複雜性，人際關係只注重效率而不注重私人感情，又由於刺激的來源有多方面，個人行爲很難一致，因此，也就很難保持人格的完整，而養成厭煩的態度。齊末爾的這種理論見於他的「都市與精神生活」這篇著名的論文中（一九〇三年發表的）。

在第一次世界大戰期間，德國歷史哲學家史彭格拉（O. Spengler）寫成他的名著「西方衰落論」（一九一八年出版），其中有他的都市理論。他對於都市心理的描述和齊末爾的基本一樣，但是所用的架構作爲都市心理的解釋則有差異。都市是文明的象徵，而人類文明乃是循環的。像文明的發展過程一樣，都市發展到最高峯時就要趨於衰落或毀滅。他的這種見解，雖然在第一次世界大戰之後，曾經引起人們的注意，現在已很少人能够欣賞，在都市社會學中更少提及。（註四）

一九二〇年代，沙樂堅與齊麥曼在其合著「鄉村與都市社會學原理」中曾將鄉村與都市的差異作一比較，而列舉有八個標準，這在前面講都市的意義時已經提及。今僅就都市的特徵方面略爲申述之：⑴職業爲非農業的居多；⑵環境是人爲的，與自然的分開；⑶社區的範圍比較大；⑷人口密度比較高；⑸人口的異質性比較多；⑹社會區分與階層化比較多；⑺流動比較大；及⑻人際接觸的數目及種類比較多總而觀之，都市，尤其是現代的大都市，顯然具有這些特徵。不過，僅僅列舉這些特徵以表明都市有異於鄉村，尚不成爲眞正的都市理論。

另一位學者對都市形成所包含的要素與剛才所述的可稱爲異曲同工。其所列舉的要素也已在前面講都市界說時約略介紹過。茲再加以說明之。這個學者就是考古人類學家柴爾特。根據他對古代都市的研究結果，他發現差不多所有都市皆表現有以下十個特點：(1)專門人員，如製圖案者、運輸工人、官吏、及牧師；(2)比新石器時代的鄉村有較多和密度較高的人口，因爲都市居民不需要大的空間來生產他們自己的糧食；(3)有專門人員從事製造巨大的藝術；(4)又有其他的專門人員發明文字及數字的符號，這對於保存記錄當時已發生的許多間接交易是非常重要的；(5)都市識字的居民當中有人發明正確的和預測的科學，如算術、幾何學、及天文學，有助於設計重大的工程，如灌溉之類。以上這些特徵表示專門人員的重要性，而他們的生計卻是由農民有了能力生產剩餘的糧食來予以維持，此即表明有複雜社會結構的存在。其他幾個特點可視爲有關剩餘產品之搜集及利用方法，除了用以維持專門人員之外。(6)由農民繳納貢物或賦稅給宗教的或世俗的行政當局，使剩餘產品得以集中，否則無法作有效的運用；(7)上面這點表明國家的形成，也就是說社會的組織是以居住而不是以親屬爲依據；(8)有巨大的公共建築物，表示社會的剩餘生產是在都市中用於建築；(9)剩餘生產也使國際貿易有其可能，甚至在最早的都市這也是重要的，這又表示在地方性的境界以外，有廣泛的互賴網絡存在；(10)由於有更富裕的財產分配不均及有各種專門的活動，一個有階級結構的社會便出現了。知識分子對社會有重大的功能——通常在宗教、政治、或軍事方面，但是他們的生活與農民的之間有很大的距離。（註五）

柴爾特從都市起源與形成方面所作的這種分析，指示着都市的存在有賴乎複雜而區分的社會結構。它不僅在內部需要有各種職業的分工合作，更有賴乎農業的發達，及國外的交易，以通有無。他雖然只是以古代都市，特別中東一帶的，爲探討範圍，就理論上來看，他的見解是相當可取的。

在社會學家當中，提出都市理論最著名的有三個人，即：韋伯、瓦茲、與史若堡，前面皆曾提及，茲將其理論分述於下。

韋伯的研究程序是從世界史上尋證據來述評在他之前別人所提的都市概念，認爲各家的都有欠妥之處，因而建立自己的都市社區學說。他指出一個完全的都市社區具有這些特徵：(1)一個要塞；(2)一個市場；(3)有它自己的法庭和至少部分的獨立法律；(4)一個有關的結合體制；及(5)至少有半自主權和自治的首領。因此，也就有一個市民選舉的行政權威。據此以觀，他認定都市社區只見於西洋，偶然例外地見於近東的敍利亞、菲尼西亞、及米蘇波達米亞。至於東方的都市，像中國的，卻不能算是眞正的都市社區。他將東方的都市排除於都市社區之外，這顯然和我們的實際經驗不符，同時也和現代社會學上對社區所下的界說不合。他是根據其理想類型的觀點或探究法，把都市分爲二大類型，即東方型與西方型。在其社會組織上，這兩者有下面幾個主要異點。（註六）

(1)東方都市在司法和法定組織上與鄉村沒有分清楚，而西方的則有；(2)西方的都市是獨立自主的，而東方的則否；(3)商人與工人在東方都市裡通常只是爲統治者而勞役，而在西方的都市裡商人和工人則佔優勢，從來不爲統治者而勞役；(4)在東方的都市裡，社會組織是以親屬爲根據，而在西方的都市裡則以個人爲基礎；(5)東方都市的軍事權力是屬於國家統治者，而西方的則屬於有共同宗教信仰的團體；(6)東方的統制者不僅掌握軍事權力，並且操有政治、經濟、及宗教等權力，故都市中的權力也集中於他個人之手，而西方的，這些權力卻是分散的；(7)東方的都市不能產生或培植任何必要條件以發展資產階級，這種階級的缺少乃是東方文化最顯著的特徵，而在西方，這種階級乃其最大特色；在都市裡他們是一個享有特權的團體，並成爲爭取自由和民主的先鋒。

上擧的這些特徵，作爲傳統上東西方都市組織的對照，大體上是對的。但是，如果以此作爲普遍的標準來判斷古今中外的都市，顯然是不適宜。

特別著名而又引起爭論最多的是瓦茲的都市理論。他於一九三八年在美國社會學刋上發表他的論文「都市狀態爲一種生活方法——Urbanism as a Way of Life」，提出他的都市社會學觀。他說：「爲了社會學的目的，一個都市可釋爲社會上異質的人們之一個相當巨大、稠密、及永久的聚集。」依據這個定義，他對着人口的數目，聚集的密度，及居民與社會生活的異質性，彼此間之關係，提出一套命題，照他說，這是能够根據觀察和硏究來作系統之陳述的。這些命題的含義大致有這幾點：(1)複雜的分工，有各種殊異的職業結構，此便形成社會階層的主要基礎；(2)有高度地域上的及社會流動性；(3)人口在功能上有顯著的依賴性；(4)在人際接觸中有很多是匿名的，所扮演的角色與角色之間的互動也只是人格的部分表現；(5)依賴間接的社會控制方法；及(6)人們的道德行為標準很不一致，因此發生很多人格解組問題。（這幾點大半依照前章的「都市狀態」一名詞下所陳述的）

要之，瓦茲的理論是在設法說明都市中會發現的社會行為和組織模式，或一套社會制度及態度有異於人類其他聚集的。他的理論公佈以來引起很多爭論。有的人支持他的論點，有的則指出他的缺點，如太簡單化，對於異質性、社會制度、及小團體等現象的分析太不够深入。（註七）不過，比較地說，他的理論主要是以美國當代都市為範圍，雖然有許多缺點，但大體上仍較其他的更合乎都市社會學的觀點。

第三個著名的都市理論由史若堡提出來的。（註八）他將都市分為兩個類型，一個他稱為「前工業都市」（preindustrial city），另一個為「工業都市」（industrial city）。他的假定是：無論其結構或形式上，前工業都市，不管是在中世紀歐洲的、傳統中國的、印度的、或其他地方的，彼此都很相似，而與近代工業都市有很多差別。他特別集中於前工業都市的分析。這種都市於紀元前四千年在米蘇波達米亞的河流一帶就已產生。不久之後跟着技術的進展和受了各種政治勢力的影響，都市生活的範圍也隨之擴大，都市分佈的區域也愈廣。歷代都市的興衰是以社會權力之轉移為依歸。他從人口、空間的安排、社會階級、家庭與婚姻、經濟活動、政治結構、宗教、傳訊工具、及教育等方面來探討前工業都市的形態。

在人口方面，前工業都市很少超出十萬人，很多是在一萬人，或者甚至五千人以下，與近代工業都市的比較要少得多，並且它們的人口增長率各有變異而緩慢，依着支持它們的政治結構之變遷而定。

在空間的佈置方面，都市的中心是政治和宗教的活動比商業的更重要。此外，它也是上流人物薈萃之區，而下層階級和浪民團體則散佈於城市的外圍。除社會階級在區位上有區分外，職業團體與民族團體也各有定所，或彼此隔離。

在社會階級方面，一個人的權利和義務常依其所屬階級而定。都市的事務是由一小團體的特權階級支配，其他的人則爲被治者並負起供養他們的義務。社會流動比工業都市中的較少得多。

前工業都市的居民受其家庭制度的支配。個人的婚姻是由家庭而不是由自己來決定。大家庭包括許多親屬居住在一起。是其理想的家庭組織，雖然這只有都市中上層階級的人能做得到，而貧民及農民由於經濟關係是不能維持的，故在他們當中小家庭仍居多數。在家庭中男人是女人的統治者。不過比較言之，下層階級的女人倒比上層的較有自由，對家庭及社區的事務所盡責任也較多。除男女地位有區別外，年齡等級也關重要，家庭中的長者對幼者具有支配之權。在社區內家庭是主要的社會化組織，尤其對於婦女與兒童在閒暇活動方面爲然。要之，家庭是一個人將來事業的主要決定因素。

在前工業都市裡，經濟活動無甚發展，因爲上層階級蔑視勞力。從事經濟活動的人不是下層階級就是社會所不齒者，工作場所多半在自己家裡或附近的小工場內。在經濟範圍之內，主要的單位是同業工會(the guild)。經由這種組織，工匠、商人、及其團體提供各種勞務，設法競爭並決定他們特殊活動範圍中的標準和價格。貨物與勞務的生產差不多全是利用人力和獸力。在價格、錢幣、及度量衡方面很少標準化。經濟的擴展不但受了統治階級的限制，而且大半受了信用及資本組織微弱的限制。

說到政治的結構，重要的政府位置為上層階級的人所壟斷。科層制的組織很嚴格，官吏的選舉主要是以個人的身份和關係為根據。統治階級所制定的政策是以自己的利益為依歸。這種措施，連同固定薪俸制的缺少，很容易導致貪汚和行政的低能。

宗教的結構，像政治的一樣，在前工業都市中是維繫秩序的一個強大力量。宗教人員與一般宗教信仰及習俗，和在其他活動範圍的情形一樣，也有上層與下層階級及浪民等界限的劃分。在宗教的組織中，上層階級的人佔有最高的位置。各階層間的價值觀念和行為規範相差很大。上層階級的大半符合宗教經典中所說的，這只有他們智識分子所能了解，而下層階級的則與其理想的距離很遠。個人日常的生活大半受宗教的訓諭所管制；宗教制度影響到都市的整個組織。定期的宗教集會儀式大部分市民可以參與，這是使都市中各種不同團體有整合作用的少數因素之一。市民的宗教信仰和習俗大半含有魔術的要素，藉此以助個人對自然與神聖事物的調適。

在前工業都市中傳訊的媒介主要為語言，消息或新聞的傳播係由專司其職者在都市內的重要集會場所用口頭方法宣佈之。至於一般知識分子之間則偶而以文字爲傳訊媒介。正式的教育是以文字爲依據，這只有上層階級的人有權享受。教育與宗教組織常是混合在一體的，學校的課程絕大多數是著重於傳統宗教與哲學概念的斷定。學校並非用來改造教育制度而是用來延續舊有的東西。

根據史若堡的研究結果，上面所述的那些要點都是一般前工業都市所共有的，與現代工業都市有顯著的差別。關於後一種都市的特徵，他雖然沒有像前者那樣詳爲描述，在其比較上也曾指出若干特質。就其土地利用言，工業都市的有特殊化。它的商業中心佔有優勢，能的資源爲電力和蒸氣。在工業都市裡，中產階級居重要地位；階級的流動性大；社會地位是以贏得的而不是以規定的爲根據。有組織的家庭單位是散漫的；在年齡及性別方面很少有尊卑關係。經濟組織朝向於大量生產，由大規模的企業所壟斷；有工廠制度的發展；分工很複雜，需有專門的管理人員。在政治方面，權力結構的界說比較鬆弛，這反映着階級制度的散漫，社會權力變成權威，主要是以被治者和專家爲後援。在政府的科層制中，像商業裡的，所強調的是以正式的規則而不是以私人作爲決策的依據。階教是俗界的，其範圍一般地是自由的。民衆教育盛行；這與流動的階級制及家庭制互有聯繫。教育所強調的是實驗和變革以及人的能力對自然秩序的改變作用。正式的教育特別發達。由於傳訊媒介的發展，知識的傳播很廣。以上這些特質乃是現代工業都市所具有，而有異於中古的前工業都市的。

要之，史若堡對都市類型的劃分標準主要爲工業，而工業的界說又是以無生命東西的利用爲動力之來源。此外，他還認爲都市在許多方面是受其所屬的社會體系之模型。美國社會學家甘曼（Cahnman）對於他的這種理論和探究方法曾予以批評，指出他僅以工業爲劃分都市的標準未免太單簡，而給工業所下的界說更爲無意義，因爲僅應用「前工業的」和「工業的」作爲都市的區別方法；則部落的，封建的和世襲的社會之間，以及東方的，古代希臘與羅馬的和歐洲中世紀的都市之間其區別就變成模糊的了。甘曼的這種批評有許多地方相當中肯。不過，將都市分爲前工業的和工業的兩個類型，新近倒有許多學者採用，在都市研究的論著中也是比較常見的。

另一位當代社會學家賴士曼（Reissman）係繼史若堡之後，而專從事工業都市的類型之探究，並提出他自已的一套理論。他先檢討過去許多學者的都市理論，認爲他們的有三大錯誤。第一是過於簡單化，即只從某一方面的現象來觀察都市。他指出都市不僅是從經濟需要或動機中發展出來的一個經濟環境，也不僅包括建築物或限於政治疆界內的一個行政實體，而是包括所有的這些東西並且不止於此。第二是視都市爲人類歷史發展的一部分，從古迄今有其繼續不斷的過程；他認爲這種看法便喪失了工業都市的特殊性質，而難與其他都市形式作區別。第三是若干早期的都市觀不能應付工業都市所特別呈現的社會變遷。他本人所提出的探究法是經由工業社會的分析來觀察都市。換言之，他所描述的是整個社會或國家而不是都市本身。其理由之一是作爲都市化以及跟此而來的變因之分析，國家比都市是更爲有意義的單位。隨著工業社會的降臨，變遷已不再限於都市疆界之內。另一理由是歷史上早期對都市與鄉間所作的區分到了工業都市發展階段已不能適用，因爲城鄉的區別已經模糊，而且最後將趨於消失。不僅都市的面積在伸展，它的觀念與價值也在傳播而襲斷著整個社會，近代的都市並非孤立的東西，而是有其普及性。祇有在尙未達高度都市化水準的社會中，都市才是比較孤立的。在完全都市化的社會中它的孤立性已不再存在。在每個意義中，工業都市已經成爲它所屬的社會之主要社會特質。

賴士曼以四個變因，即都市的增長，工業化，中等階級的發展，及國家主義的興起，作爲現代社會與都市之分析準繩，他以一九五〇年聯合國公佈幾十個國家的人口統計資料爲根據，而找出與該四變因有關的事實，以此作爲它們社會分類的標準。按照各國具有這四個變因的程度，他乃判斷其社會發展的階段，並由此辨別它們都市化的類型。在一個極端低度開發的社會，如有都市化也只是零散的，無顯明的中等階級，也無支持國家主義之意識的基礎。在另一極端是完全開發的社會，即在那些標準中每一個都有高度發展的。而在這個極端之間，則有各種社會在其都市發展方面有各種不同的階段。賴士曼相信他的都市化類型說，雖然有其缺點，比過去任何都市理論，作爲都市化的比較描述，都要好些。他也相信這種類型的探究，對於有系統地了解都市，它的要素、動態、及複雜性，在這些目標上，是一重大的進步。

賴士曼認爲都市的分析必須從廣大的社會下手。已經發展的和正在發展的工業都市乃是在不同的都市化階段中之社會的產物。所以，如果我們想了解都市，我們必須先知道有關它所屬是社會的某些事情。如果我們想了解都市中變遷的動力，我們必須先了解屬於都市化的更爲廣大之社會變遷的動力。他的這種主張，我們可以承認相當有意義，因爲任何都市和它所屬的社會顯然有其關係。但是他的探究法似乎尚有若干漏洞。第一，他忽略了都市發展的歷史背景之檢討，因此他將工業都市與前工業都市的研究對工業都市的分析是無補於事。甘曼氏對於他的這一點是特別加以指責的。第二，他專門從事工業都市的研究，好像以此作爲現代一般都市的代表，而事實上都市並非完全限於工業的，有好多都市中工業也並非居於壟斷的地位。此外，他對各種都市本身的現象並沒有作詳細的研究，也沒有利用現有的許多都市實地考察成果，以資比較或予以歸納。總之，他的理論和探究法雖有其價值，尚不能視爲完全健全的，其影響也不如史若堡的大。

除上述者外，尚有其他社會學家的都市理論，例如：顧里（C. H. Cooley）的運輸說，浦濟時的同心環說，鄔爾曼（E. L. Ullman）的多核心說，海特（H. Hoty）的扇狀說等等。（註九）但是這些皆不能稱爲眞正的都市理論，此處可不贅述。

總而觀之，都市理論在都市社會學中近四十年日見注重，試圖建立此種理論的人也日形衆多，但是除了上述三位的尚有多少可取外，迄今尚沒有一個完全成功的，或眞正健全的。今後要想有更好的理論，社會科學家還須多方努力，對各國的都市從事更多和更深入的研究。

附註：

註一：龍冠海主編社會研究法（廣文書局，民國五十六年）第一章。

註二：G. Sjoberg, ''Theory and Research in Urban Society'' in *The Study of Urbanization*, edited by Hauser & Schnore, *op. cit.*

註三：Hauser and Schnore, *op. cit.*, P.51.

註四：''Prefatory Remarks'' in *The City*, by Max Weber, Translated by Martindale and Neuwirth, *op. cit.*

註五：Gist and Fava, *op. cit.*, PP.11—13.

註六：Weber, *The City;* Vastro Murvar, ''Some Tentative Modifications of Weber's Typology: Occidental Versus Oriental City'' (*Social Forces*, March, 1966).

註七：R. N. Morris, *Urbau Sociology* (Frederick Fraeger, 1968); S. S. Guteman, ''In Defense of Wirth's Urbanism as a Way of Life'' (*American Journal of Sociology*, March, 1969).

註八：G. Sjoberg, *Preindustrial City* (The Free Press, 1960).

註九：Gist and Fava, *op. cit.*

第六章　都市社會學研究方法的檢討

都市社會學不但有它的一套概念和理論，同時也有它的方法，即研究都市的程序或手續，包括所利用的工具。它既然是屬於社會學的一部門，凡社會學所應用的方法，它也都可以利用。除了一般科學方法外，社會學家用來研究社會現象的普通有以下幾種：㈠觀察法；㈡歷史法；㈢個案法；㈣調查法；㈤統計法；㈥區位法；㈦實驗法；及㈧社會測量法等。（註一）這些方法各有其特殊用途，要看作研究者的目的，研究範圍及對象爲何而定，不能一概而論。它們在都市社會學中也是如此。茲在下面分別簡介並加以檢討其在都市研究中的用途。

㈠觀察法　這是一切科學最基本的方法。但是，社會科學家所作的觀察與自然科學家所作的頗有不同。前者的觀察對象是社會現象，即人類團體生活或社會行爲，包括他的日常活動，人際關係，個人與團體及團體與團體之關係等。它所牽涉的因素非常複雜，有內在的和外在的，心理的和社會文化的，甚至自然環境的，而且常是彼此互相交錯的，同時又是變化多端的。後者的觀察對象是自然現象，比較單純和有固定性，多屬於靜態的，較易於加以控制而作長期的觀察。就在社會科學家當中，由其研究範圍、對象、及目的之差異，觀察法的應用也還有多少差別。應用此種方法作研究比較多的大概是人類學家、社會學家、和社會心理學家。又由於他們觀點的不同，對觀察法的分類也不太一致。在社會學中比較常用的有這三種，即：無控制的和非參與的觀察、無控制的參與觀察、及有控制的觀察。（註二）第一種指不借助任何工具也沒有預定準確計劃的觀察。至於非參與的觀察亦稱局外觀察，即觀察者置身於社會情境或團體之外而不參與其事的觀察。應用這一種方法來作都市研究而聞名的有若包（H. W. Zarbaugh），見其所著「黃金岸與貧民窟」一書，（註三）描述芝加哥富人住宅和貧區的狀況，及楊寶蓮（P. V. Young），見其名著「俄人街的香客」，繪描在洛杉磯城內一個俄人宗教團體的社區生活情形。（註四）第二種無控制的參與觀察是指研究者加入要研究的團體裡與其份子共同生活，而從事實地考察，但對該團體並不作有計劃的控制，或預先準備某種工具像正式的調查表或問卷之類。社會學家應用這種方法去作都市研究而聞名的是懷特。（W. F. Whyte）他以波斯頓意大利移民的一個貧民窟中的幫會組織爲研究對象，住在他們當中去親自觀察，後來將其所收集材料，寫成一本名著，題爲「街角社會」。（註五）在他之前，用此觀察法做都市研究的還有十九世紀末葉英國的布斯（Charles Booth）及一九二〇年代美國的林特（R. S. Lynd）夫婦，不過在他們的研究當中，這只是一種方面而已，這在下面將另爲闡述。第三種所謂有控制的觀察，其主要特點是利用某種工具或設備以從事有計劃和有系的觀察，依據觀察者的目的，預先確定探究的項目，使其觀察成爲更加正式的，也使其結果變成更加標準化的。事實上，它有許多地方類似或者甚至等於實驗法。社會學家所做較爲詳細而深入的都市社會調查可說是屬於這種方法。

比較觀之，上述三種觀察法中以參與觀察較爲深入而可靠。然而，無論那一種，在都市研究中雖然都重要，仍不能完全信賴，因爲它只能告訴我們部分的，甚至僅僅表面的都市現象。

(二)歷史法　此法在各學科中有各種不同的解釋，要之，在社會科學中，普通所謂歷史法意指應用合乎科學的方法（如歸納法、比較法、及類比法）去探尋有關史料，檢驗歷史記錄及遺跡，追究其事實眞相，並尋求其相關性，然後給它下概括論斷。（註六）此法爲史學中的一專研部門，是史學家所專長。社會學因爲是一門經驗科學，着重當今社會事實的探究，故凡涉及過去事物的問題，它多半借助於史學家。至於都市社會學雖然也講都市的起源及發展過程，或研究某一特殊都市及其問題而欲了解其歷史背景，但是這種資料多來自歷史記錄，他很少下工夫去做考證的工作。故此法在都市社會學中，雖有其用途，很少被直接應用。

(三)個案法　亦稱個案研究法，此法的主要特徵是：(1)着重社會現象質方面的探究；(2)對個案有詳細的了解；(3)用非正式的手續去進行探察；及(4)作正確的描述。不過，在應用時，此法的意義頗爲含糊。凡是以任何社會現象作爲單位來予以詳細而深入的探察，都可稱爲個案研究。在社會研究法的書中，通常都以林特的「中鎮」爲都市個案研究的一個好例。其實，林特所用的方法包括有多種，例如觀察法、歷史法、調查法、及統計法等。嚴格的說，以都市，尤其現代都市，當作個案來研究，實不相宜，因爲範圍太廣，現象太複雜，而且變遷又迅速。照個案法的意義來講，實無法施其伎倆。若是用來研究小市鎮，或大都市中某一小社區或一特殊機關團體，也許能夠得到好的成就。

㈣社會調查法（或簡稱調查法）　社會調查一詞各家的解釋不大一致。茲根據已有的各種社會調查的共同特徵給它下這樣的定義：社會調查是應用科學態度及方法與合作步驟，對某種社會情況或問題，在確定範圍之內，作有計劃的實地考察，並設法獲取大量資料，以資明瞭及改進該情況或問題為目的。（註七）就其方法言，社會調查普通所用的雖然主要為填表法與問卷法，但同時也用其他方法，如觀察法、統計法、及訪問法——這三者與社會調查是有密切相關的；此外，有的調查還同時應用歷史法、個案法、及區位法。因此，社會調查法可說是一個綜合的社會研究法。

綜觀各國所作的社會調查多半集中於都市。有的是都市社會的一般調查，包括它的地理、歷史、人口、社會組織與制度（如家庭、政治、經濟、教育、宗教、和娛樂等），以及各種社會問題。但因為這類調查所需要的人力和財力很多，並非每個國家所能做得到的。因此，大多數的都市研究係屬於都市社會的特殊調查，即專從某一方面的都市現象或某一個都市問題下手來做調查。例如，貧民窟、貧窮、犯罪、工人生活、及人口等調查乃是最常見的。在社會調查史上最著名的都市社會調查是布斯做的「倫敦居民的生活與勞動」調查，及美國的「畢斯保調查」與「春田市調查」。這些皆是在都市社會學未建之前所作的。在此之後，則以芝加哥學派對芝加哥城所作的各種特殊調查，如幫會、犯罪、猶太人的社區、富人住宅區與貧民窟等，以及華納（W. L. Warner）及其同事所作的「楊基城」調查（The

Yankee City）等為有名。（註八）

無論是普通的或特殊的都市調查，今後必然仍須繼續進行，尤其是在正在開發及未開發的國家中，似乎更為需要，因為這類調查可以供給都市社會學更多和更切實的資料，以資國際性的比較。不過，這一種方法最好加以改進，使其更科學化和更標準化，特別是用以判定與衡量都市的概念和單位，要使其更能趨於一致或統一化。

㈤統計法　此法的最大特點是着重數量方面，換言之，凡是能夠計算的東西皆可以應用它。應用於社會研究，它的主要功用是：⑴能化繁為簡；⑵表明現象的相關性；及⑶指示它們發展的趨勢。此種方法常與調查法有連帶關係，也可以說它們彼此是互相依賴的；因為調查時需要應用統計學的原理（如選樣的法則），而調查後又須應用它的方法來整理資料；但是從另一方面看，如無調查，則統計也無所依據，同時如果調查失當，統計也必然導致錯誤。晚近，都市社會學家運用統計法來做研究的日見衆多，有些甚至完全以此法是賴，視它為最科學或最可靠的。可是他們却忽略了都市現象不僅是數量的，同時也是品質的。因此，若是僅依恃這一種方法，未見得都能表明都市社會的眞相，而且有易犯以個別的樹木當做森林，或以森林當做個別的樹木之謬誤。

㈥區位法　此是人文區位學家的研究技術，亦稱為人文區位學方法。它的具體表現是社會基圖（social base map）。這乃人文區位學家研究社會現象在空間之分佈與動向的基本設計或工具。它是一種社區地圖，標明有下列幾種現象：(1)地理的——如山、河、湖、及其他主要地形；(2)人為的——如土地的利用、鐵路、橋樑、街道、工業區、商業區、住宅區、學校、公園、墳地、運動場、主要建築、及空地等。有了這樣的地圖，若再將某種社會現象，如人口、地價、犯罪、自殺、離婚、或其他可以測量的現象，以各種符號為代表而加上去，我們便可以看出這一種現象與其他的彼此間之關係。故社會基圖的主要功用是幫助我們明瞭社會現象在空間分佈的性質、範圍、及其相關性。此外，如果用為時間上的比較研究，尚可指示社會現象或問題發展的趨勢。

人文區位學的創始者為芝加哥大學社會學教授派克（R. E. Park），他與其同事浦濟時及他們的學生通常被稱為區位學派或芝加哥學派，區位法的發展主要也是他們的功勞。他們應用此法對芝加哥城市做了許多研究，也有若干發現及貢獻。此法顯然適宜於某些都市現象的探究，但仍嫌其過於簡單，不足以表明都市社會的複雜體系。

至於實驗法及社會測量法，雖然也有人應用於都市研究，但其用途和範圍更加有限度，只能用於某些小團體之行為關係方面而已。因此，我們在這裡不予贅述。

除上舉幾種方法常被利用來對現實的都市情形作描述外，尚有兩種方法為晚近若干都市社會學家所提倡。一是類型法，二是比較法。前者是將都市依着抽象或概念化的屬類，分為兩個或兩個以上的理想（或構造）型，作為對比的模式，然後將各種特殊的都市來和它們作比較，凡是其特徵和那一個理想型相近似者，則歸爲該類型。例如，前章所述韋柏將都市分爲西方型與東方型，而史若堡則將都市分爲前工業都市與工業都市。凡所謂類型都是理想的或概念化的模型，與經驗的或實際的情形並不完全符合。作爲指導研究和發展理論，它們是有用的；但是作爲了解個別都市現狀以及解決其實際問題，則它們沒有多大用處。

說到比較法更爲普通，它是任何一門學科都有使用的。社會學根本就是一門比較的科學，如它的創始者孔德及斯賓塞所提倡的，以及稍後涂爾幹所應用的。不幸後來卻爲一般社會學家所忽略，直至晚近才有人提出所謂「比較社會學」。同時也有人提出所謂比較都市社會學。其實，這些名稱都是多餘的。至於比較法應用於都市研究乃是對各種不同的都市作廣泛及深入的考察或探究，分析各個所具有的特徵而加以比較，找出其同異，然後予以歸類。這樣看來，比較法與類型法實有若干共同之點。同時它與歷史法也多相似，可說是異名而同實的，不過都市社會學家應用它時卻着重在探察現代的都市，因爲它們偏向於經驗的而不是歷史上的研究。

總言觀之，上述各種方法，尤其觀察法、調查法、統計法、個案法、區位法、及比較法乃是互相關係和互相爲用的，任何單獨一個對都市研究皆有其缺點，學者只有善爲將其彼此配合運用，也許可以有助於了解都市眞相，並促進都市社會學的發展。

附註：

註一：參考龍冠海主編社會研究法（廣文書局，民國五十八年）。

註二：Pauline V. Young, *Scientific Social Surveys and Research* (Prentice-Hall, 1966).

註三：Harvey W. Zorbaugh, *The Gold Coast and the Slum* (The University of Chicago Press, 1929).

註四：Pauline V. Young, *Pilgrims of Russian Town* (The University of Chicago Press, 1932).

註五：William F. Whyte, *Street Corner Society* (The University of Chicago Press, 1934).

註六：龍冠海主編社會研究法（見前），第十二章。

註七：參考龍冠海著社會調查概述（文星書店，民國五十二年），社會調查與社會工作（三民書局，民國五十九年）。

註八：Philip M. Hauser (ed.), *Hand Book for Social Research in Urban Areas*, UNESCO, 1964.

下篇——應用方面

緒　言

本研究的上篇六章已將都市社會學之起源、發展、範圍、基本概念、主要理論、及研究方法予以介紹並加以評價。本篇擬就這門學科之應用方面作一陳述並提出建議。這裡所謂應用乃就其廣義而言，意指用途。換言之，都市社會學究有何用？

從上篇首三章，我們已經知道，都市社會學係社會學的一部門，是一門特殊社會學，也就是專門研究人類社會的都市社會之科學。一般地說，任何一門科學大概都含有這三個目標：㈠瞭解，即設法明瞭它所研究範圍內之現象；㈡預測，即根據它的研究結果而預先探測其有關現象之可能變遷情形或發展趨勢；及㈢控制，即對所研究現象可能發生的變化加以人爲的干預，使其對人類能有實際的用途，或對社會能增進其福祉。都市社會學既然是一門科學，它自然也具有這三個目標。有了這門學問的存在和發展，它就能幫助我們對都市現象獲得更充分和更切實的瞭解；對都市社會中所發生的若干事情能夠加以預測，並在可能範圍之內進一步採取某些適當措施予以控制。關於這些方面的具體例證，在以下幾章內將爲擇要闡述之。

首先我們應該明白都市社會學是以普通社會學爲基礎，應用其基本觀點、概念及原理來說明都市現象。查社會學發展到現在已經建立了若干原理可以普遍地應用於差不多所有人類社會，尤其都市社會。茲舉其要者分別約略言之。（註一）

㈠人是環境的產物，同時又是環境的改造者。人類的環境相當複雜，大致可劃分爲兩大範圍，一是自然的，另一是人爲的，即社會文化的。前者乃一切動植物所共有的，這裡可以暫時避開不講。後者雖然與前者有連帶關係，却是人類所獨有的，對人類有更直接和密切關係。事實上，人之所以成爲人乃是由於他有其自己的團體生活或社會文化。人與別的動物之主要差異在乎他有某些特殊的體質構造和團體生活方法，他並且有其人性與人格。這些因素經過長期的演變和互動作用，便產生了各種不同的人類集團及其價值朝向（value orientation）和行爲模式。大凡在不同的社會文化環境中生活的人就有不同的價值觀念，人生態度及行爲模式，或接物待人的方法。譬如，漁獵的民族在其行爲或生活方式上有異於農業的，而這兩者又有異於都市居民的。又如在中國社會文化環境裡生長的人也不同於在美國社會文化環境裡生長的。這些都是非常顯明的事實，也足以證明人是環境的產物。

講到人是環境的改造者更爲顯而易見。從歷史上看，自從人類出現在這個地球上，爲了圖謀生存，他不得不在其可能範圍之內，儘量利用自然的資源，適應並且改變其自然環境，雖然有的地方有些時候不幸爲某種自然力量所毀滅，不過從整個和長期看來，自然的面貌有許多地方終究被人類改變了。譬如，有很多的山禽野獸被豢養爲家畜；森林喬木被砍伐以蓋房屋及作其他用途；地面原無道路，今有許多地區已佈滿了交通運輸網；大量的陸地被開闢為農田花園以及鄉村和城市。總之，大概社會愈發展，文化愈進步，尤其都市化及工業化的程度愈高，自然環境的面貌也愈遭受變更。不僅自然環境如此，社會文化環境亦莫不隨時代而改頭換面。例如，人類由遊牧集採或漁獵生活演變為定居的農村生活，再由此而進展到都市生活；或從另一方面看，是由部落發展為國家，再由國家發展為國際組織。在這種種變遷的過程中，莫不由於人的因素之影響。換言之，這些漸次演進的社會文化環境乃是由於人的力量所造成的。至如晚近所謂國家計劃，鄉村建設，都市設計，社區或社會發展等等，更足以表明人是在有規劃地去改造其生活環境的。故稱人為環境的改造者，乃是不可否認的一個事實。若將此一原理應用於都市而言，都市顯然是人類團體生活發展過程中最具體而且最大的社區，凡生活其中的人，莫不受其影響。德國諺語所謂「都市空氣使人自由」（city air makes men free）頗有點道理，但是從另一方面來看，都市是由人所建立的，也是由人加以改造的。

㈡人有若干共同基本需要，其滿足有賴乎社會。人天生有某些不可須臾缺少的需要，如營生（即經濟上的需要，包括食衣住行等）、蕃衍（包括性欲與傳種）、及保衛。（註二）若是這些需要無法滿足，則任何人都不能生存。而要獲得滿足則又非有社會或團體不可，因為這些需要都非任何個人的力量所能得到的。故荀子說：「人之生也不能無羣」。亞里斯多德也說：「人天生是一個政治的動物。」（他所稱「政治的」意即社會的），他又說：「但是不能在社會中生活的人或者因為他是自給自足而無此需要的必是一個禽獸或一個神明；他不是國家的一部分。」（見他的政治論第一卷第二章——他所謂「國家」意即社會或古代希臘的城邦）。根據亞里斯多德的看法，國家或城邦乃是一最高的和最完全的社區，包括有各種專門職業的人，足以滿足人的許多需要。（註三）當代美國社會學家兼人口學家達偉斯（Kingsley Davis）也指出社區的一個基本特徵是「社會的完整性」（social completeness），包括社會生活所有諸方面。（註四）又美國人類學家麥杜克(G. P. Murdock)也指出「有了社區的組織，人類生活便得到許多利益。由於社交範圍之擴大，個人乃有更多的機會以滿足其需要；由於合作技術之發展，食料之獲取更加便利而豐富；由於互助與共享之精神的表現，個人可得到保障以避免某些不幸或患難；由於人數的衆多，個人與團體的保衛力量乃因之而加強；由於職務的分工與專業化，生活更爲經濟。」（註五）都市既然是一種更完全的社區，除了糧食及某些原料有賴乎農村之供應外，其愈能滿足人的共同基本需要，彰彰明甚。

㈢社會是有組織的，自成一體系，其中含有某些共同要素，包括各種適應人類基本需要的結合與制度，彼此間有互動及互賴的關係。這樣的關係體系，社會學家稱之爲社會體系。若將此原理應用於都市，則都市社區乃是這種體系的最具體表現。由其與空間關係言之，它又可稱爲都市區位體系（urban ecological system）。（註六）以都市當作區位體系來研究更能幫助我們對都市的了解，也更爲有意義。因爲都市不像抽象的社會，是存在於確定的空間的，而它的各種結合與制度之分布莫不受其空間之規定或影響。

(四)社會具有階層化的現象，任何社會或團體其份子的地位及職務或角色絕非完全相同的或屬於一個水平綫的，而是有區分的，即有高低的差別。這種差別便形成各種不同的社會等級（social rank）。每一等級普通稱爲社會階級，亦即社會學上所謂社會階層。這是近三、四十年來社會學家特別注意研究的一種現象，尤其在都市中所表現的。這種研究不僅可以幫助我們了解一社會的結構，而且可以幫助我們了解社會分子的價値觀念，行爲模式，以及他們的互動關係。

(五)社會創造有各種交通媒介，如語言，文字，或其他的傳訊符號，作爲分子間傳達消息的工具或方法。這是任何社會最基本和最不能缺少的一種條件。無此，則社會根本不能成立。近代這種傳訊媒介的發明種類日見繁多，使人類關係亦愈趨密切而複雜，這在現代化的都市中更爲顯然，它們的發明多半來源於都市，也是增進都市化的一主要因素。

(六)社會常含有價値的觀念，其中有的被視爲首要的，有的爲次要的，或者有的被視爲積極的，有的爲消極的，因時代而異，但無論如何，它們多少總是有聯繫的，而構成一種社會價値體系。一社會的主要價値觀念常成爲社會朝向的定因或指標。大凡價値觀念改變，社會也必定隨着發生變化；反而言之亦然。都市既然是一具體的社會，其所呈現的價値體系當然更爲顯而易見。可是，由於都市的組織每因時因地而異，並非一律，同時都市的構成分子多係異質性的，流動性也比較大，尤以近代的都市爲然，故其價值觀念及體系也十分複雜，而變遷也比較大。例如，前工業都市與工業都市的價值體系顯然有差別（參閱 G. Sjoberg, "The Preindustrial City", *The American Journal of Sociology*, March, 1955），美國都市的與印度或中國都市的也自然有異。不過任何一國的都市大概總為該國文化的象徵，其都市價值體系大致也可作為該國的價值體系之代表。譬如，美國林特（R. Lynd）選擇中鎮（Middletown）作研究就是想借此以了解美國當代文化。上篇敍述都市社會學理論時，曾經提及有一派人以社會價值為探究都市研究的參考架構，其立論實不無理由。

(七)社會分子具有互動的行為，其中最普遍的方式是對立（opposition，包括競爭及衝突）與合作。這是在任何人類社會中都有其存在的。這一原理應用於都市更為昭彰，因為都市人口繁雜，而在一區位體系中共同圖謀生存，彼此競爭，衝突與合作勢所難免。事實上，這些互動方式在都市中所表演的也特別顯著，甚至十分激烈。美國社會學家派克（R. E. Park），也是都市社會學的創始者，早已指出這方面的研究對了解都市現象之重要性。

(八)社會現象常在變遷之中，但其變遷速度卻有快慢之不同。都市乃社會現象的一種，也是整個社會的一部分，雖然在歷史上是比較後起的，可是在任何社會或國家中倒是不能忽視的，因為它對一國的其他部分常有影響作用，甚至居於壟斷地位。因此，都市變遷與社會整個的變遷實有密切關係，有時可視為整個社會變遷的代表或來源。這種情形在歷史上常可看到。例如，古代雅典與羅馬之盛衰即代表希臘城邦和羅馬帝國之興亡。又如現代都市化的發展便引起舊有鄉村社會的改觀。故探究都市的變遷實可作爲整個社會變遷的一種指標。

(九)社會分子的行爲有正常或常態的和反常或變態的表現。前者指符合乎社會規範或常模的，後者指反乎此的，即普通所謂病態的或有問題的。這種現象乃是古今中外任何社會都有的，只是種類多少及程度輕重略有差別而已。一般社會如此，都市也不能例外。事實上，因爲都市，尤其大的都市，乃羣居雜處，人們價值觀念相當紛殊，而社會流動性又較大，市民的倫理標準甚難求其一致，其反常行爲容易出現乃是勢所必然。故有許多社會問題或反常行爲，像犯罪、賭博、賣淫、貧窮等等，莫不集中於都市或以都市爲其溫床，在都市中也呈現得更嚴重。現代國家所遭遇的困擾，可說大多數係來源於它們的都市，因此都市問題的研究以及力謀其解決乃現今各國的一個急務。

(十)社會具有選擇其定向的作用。這就是說，它有其自決的內在因素或自己引導的方向，不管是好還是壞，對或是不對。這種作用與他所屬的社會或國家之歷史背景、社會組織型態(尤其價值體系)、及文化發展(尤其技藝的進展)程度皆有密切的關係。若將此一原理應用於都市，其所表現的見於各國的都市計劃。一般的都市計劃因爲對這裡所提及的那三個有關因素未加以充分考慮，故多未能獲得完善的結果。

上述十點可說是社會學研究社會現象所獲得的基本原則，可以拿來說明任何社會，至少筆者所了解的是如此。大家都知道，研究社會現象的學問計有多種，除社會學外，尚有人類學、社會心理學、政治學、經濟學、及歷史學等，各有各的立場或着重點。社會學有異於其他的在乎他是着重社會整體或社會體系的探究；它的主題或中心對象是社會本身，而設法從整體來研究它的部分，並由其部分來研究它的整體。（註七）換言之，它特別注意研究的是社會關係——人與人的關係，人與社會或團體的關係，社會或團體之間的關係，及某種社會現象與他種社會現象或非社會現象的關係。研究都市現象的學問也有多種，除了社會學（尤其都市社會學）之外，尚有人口學，人文區位學，政治學（尤其市政學），經濟學，人類學，市政工程學，建築學，都市計劃學，歷史學，公共衛生學等等。可是從社會學之觀點（如上面所說的）來研究都市的，只有都市社會學。我們深信這門學問對於都市現象的了解、預測、及控制作用是有其特殊貢獻的。

附註：

註一：參閱Lung Kwan-hai(editor), *Selected Readings in Sociology* (Revised Edition, Book World Co. 1963, Ch. 11 "Society" and Ch.16 "Culture", 選自 Joseph H. Fichter, *Sociology* (Chicago ;The University of Chicago Press, 1957) PP.132—142, 268—278；孫本文著「社會學原理」下冊（商務印書館民國四十一年，臺一版），第廿八章。孫本文所提出的原理限於以下五個：(1)人是社會環境的產物；(2)

社會環境是人的產物；(3)個人與社會是不可分離的，是息息相關的；(4)社會現象是相對的而非絕對的；及(5)社會的發展是累積的，而非突現的。

註二：Charlotte Towle, *Common Human Needs* (Chicago; The University of Chicago Press, 1945).

註三：參閱龍冠海著「社會思想史」（三民書局，民國五十六年）六二至六三頁。

註四：K. Davis, *Human Society* (New York; Macmillon Co., 1950) PP.310~313.

註五：龍冠海著「社會學」（三民書局民國五十七年四版）二三七頁。

註六：區位體系譯自英文 Ecosystem 此名詞曾先由英國植物區位學家但斯里（A. G. Tansley）所用，見其論文"The Use and Abuse of Certain Vegetational Concepts and Terms", *Ecology* 16 (1935); 284~370。參閱 Michar1 J. Locey, "Man, Nature, and The Ecological Perspective", in *American Studies*, Vol. 8, Nos.1—3, PP.13~27, Spring 1970.

註七：Rumney and Maier, *The Science of Society* (New York; Henry Schuman, 1953) P.51，龍冠海著「社會學」，見註五，四一～四二頁。

第七章　人口都市化

一、人口的重要性與其研究學科

自從這個地球上有人類以來，人口現象就成為人類生存當中最顯著的事實和最基本的要素；任何社會，尤其有識之士，亦莫不對這個要素加以注意或表示關切。無論從政治、軍事、經濟、社會、教育與文化、國家民族、國際關係、或人類前途各方面來看，人口因素莫不牽連在內。關於這些方面的詳細說明，已見筆者所著「中國人口」與「社會學」二書中，（註一）可供參考，這裡恕不贅述。

因為人口的重要性，歷來古今中外的許多思想家莫不留意及此。在西洋方面，至少可以溯源到古代希臘的柏拉圖及亞里士多德；在中國春秋戰國時期的主要思想家，如管子、孔子、墨子、孟子、荀子、商鞅、及韓非等，亦莫不關心人口的問題。迄今三、四百年來，西方學者對人口現象發生興趣的，跟着人口的增長，乃日益濃厚與加多，尤以近幾十年來更日形興盛。現在同時注意研究人口現象的學科除人口學外，計有生物學、優生學、醫學、公共衛生學、精神病理學、人類學、社會學、社會心理學、經濟學、政治學、統計學、地理學及區位學等。本來人口學並非一門獨立學科，而是屬於「人口研究」之內，又有的書上卻將人口學與人口研究二詞交換用。但就傳統上來看，人口研究範圍很廣，主要地分屬於人類生物學、地理學、經濟學、及社會學，不過因爲這些學科的旨趣各有不同，各個對於人口研究的着重點也各有差異，其中以社會學比較注意到人口現象多方面的探討，故談到人口問題時也較爲借重社會學的觀點。可是晚近由於人口問題愈形重要，研究的學者也越來越多，而且發展了一套研究人口的方法及理論，人口研究便成爲一門專門或獨立學科，即人口學（Demography），着重於人口大小、組合、分佈及變遷之統計與數理之研究。而新近更因爲全世界人口迅速地都市化，人類集居於都市地區的日漸增多，隨此而發生與都市生活有關的問題也愈爲明顯而重大，都市化於是變成廣泛的社會運動，有些人口學家乃專心致力於這方面的研討，都市人口學可說是已成爲人口學的一個附屬領域（a subfield），（註二）而且將來還可能成爲它的主要領域。

二、人口都市化的發展趨勢

都市化一詞可有各種不同的解釋，筆者在上篇第四章中已經提及。依聯合國文教組出版「社會科學詞典」上的註解，它至少有四種不大相同的界說：⑴都市中心對鄉村附庸之影響的傳播；⑵人口中都市特徵的出現，這是鄉村社會學家普通的用法；⑶人口集中的過程，這是多數人口學家的解釋；及⑷人口集中的過程，其中都市人口對整個地域人口的比率增加。（註三）比較觀之，在社會學上以第四種解釋爲最常見。最近在美國出版的「現代社會學詞典」給都市化所下的一個定義也是如此說法：「人口的移動從鄉村到都市地區，其結果是人口居住在都市較鄉村地方的比例日見增加。」另一定義是：「都市行爲模式與思想方法的傳播。」（註四）無論如何，在一國，一地區或全世界中，都市人口與鄉村的相比，鄉村人口大量向都市遷移或集中，因而都市人口在全人口中所占的比例漸漸地或迅速地提高，這就是都市化的明徵。本章所言人口都市化就是這個意思。

就都市化的立場觀之，整個人類歷史大致可以拿工業革命來作爲準繩，而將其劃分爲工業革命前後兩個階段。在前一階段，雖然時間很長久，雖然都市的存在已經有數千年，但並沒有像我們現在所了解的都市化現象之產生。至於後一階段，溯自英國工業革命，迄今也不過二百年左右，在此一很短的時間內，都市化在全球各地相繼發展乃是史無前例的，人類集居生活發生變化之大也是前人所想像不到的。不過因爲世界各國及各地區的工業化進展有快慢不同，其都市化也有程度的差別。從近代史上看，都市化的現象在西歐洲及北美洲各國發生比較早，大多數開始於十九世紀。迄近幾十年來，由於歐美工商業與科學技術的影響，以及全球人口的迅速增長，都市化的發展幾乎已經成爲世界上許多國家的一個普遍現象和共同特徵，其中除歐洲及北美洲外，尤以南美洲、澳洲、及亞洲的更日漸顯著，（註五）若按照世界地區及其都市化的程度來作分類，依聯合國一九六三及一九六四年的統計，世界上高度都市化的地區有三個，即：西北歐洲、中歐洲、及北美洲；中度都市化的地區有五個，即：南歐洲、蘇聯、拉丁美洲、北非洲、及大洋洲；其餘三個地區仍以鄉村占重要地位，如：亞洲（中國大陸除外）、中國大陸、及非洲撒哈拉附屬地區（Subsahara Africa）。（註六）這個分類只能算是一個大概情形，其中未提及日本，而事實上，日本亦應列入高度都市化的一類。雖然從整個世界來看，鄉村人口仍比都市爲多，但是有一個最重要的人口現象出現倒是我們不能忽視的，這就是：極迅速的都市化過程正在世界各處發生。據聯合國的統計報告，從一九五〇至一九六〇年，全世界鄉村人口每年的增長率約爲百分之一・四，而都市人口的則比其高出一倍以上。並且都市與鄉村之間的增長率最大差別有的是在鄉村占優勢的地區。亞洲，除了中國大陸，却是一個例外。印度、巴基斯坦、錫蘭、及東南亞的都市化速度比世界任何其他地區，除了已經高度都市化的三個地區外，都來得慢些。都市化進行最快的地區是在非洲撒哈拉附屬地區及拉丁美洲。而進行得最慢的却是西北歐洲，因爲在那裡的整個人口增長率已達到零點，城鄉的分佈似乎接近了平衡之境，即鄉村已近似都市，不易完全劃分清楚。下表指示各洲從一九五〇至一九六〇年間都市與鄉村人口增加率之差異，可資比較。

表一：世界各洲及地區別之總人口與城鄉人口平均每年增加百分率，一九五〇—一九六〇。

洲與地區	平均每年增加百分率			
	總計	都市	鄉村	差別 都市—鄉村
全世界總計	1.7	2.9—3.3	1.4—1.3	1.5—2.1
非洲	2.1	5.4	1.7	3.7
非洲撒哈拉附屬地區	2.1	6.3	1.7	4.6
北非	2.3	4.4	1.6	2.8
美洲	2.3	3.6	1.5	2.1
北美	1.8	2.5	1.3	1.2
拉丁美洲	2.7	5.3	1.7	3.6
阿根廷·智利·烏拉圭	2.0	3.8	0.1	3.7
拉丁美洲其他地區	2.8	5.8	1.9	4.0
亞洲	1.8	2.9—4.1	1.6—1.4	1.3—2.7
中國大陸除外	2.0	3.4	1.7	1.8
中國大陸	1.5	1.5—5.7	1.5—0.9	—4.8
歐洲	0.8	1.6	0.3	1.2
西北歐洲	0.7	1.0	0.3	0.7
中歐洲	0.9	1.8	0.3	1.5
南歐洲	0.9	2.4	0.4	2.1
大洋洲	2.1	3.6	0.1	3.5
蘇聯	1.8	3.4	1.0	2.4

註：表中資料不包括居民在二五〇、〇〇〇以下之國。

資料來源：Donald J. Bogue, *Principles of Demography*, (John Wiley and Sons, 1969), P.470.

上述統計資料表明一個事實，即晚近世界人口都市化的速度愈來愈快，尤其原爲鄉村占優勢的地區爲然；換言之，世界都市人口所占全球人口的百分比愈來愈高。上表所列都市人口係指有二萬及以上居民的地方之人口，而鄉村人口則指在此數目以下的地方之人口。若以住有十萬人以上的都市人口（通常以此爲大都市）對全球人口的比率來從時間上作比較，這也許更可以看出都市化的進展趨勢。例如，依估計，在一八〇〇年住在這種都市的人口只占全球人口百分之一・七，到一九〇〇年則增至五・五，一九五〇年又增至一三・一，迄一九六〇年更增至一九・九。這就是說，近一百六十年內，住在十萬人的都市人口增加了近十二倍，尤以近十年內所增加的速率幾乎將及過去五十年內所增加的。

另一個證明都市化的事實是：大都市愈來愈多。例如，全球十萬人口以上的都市在一八〇〇年不及五十個，迄一九五〇年則有九百個以上。又根據聯合國一九六九年人口年鑑截至一九六八年止，全世界十萬人以上的都市約計已超出一千四百個（依作者約略計算共有一四二四個），其中蘇聯二〇五，美國一三六，日本一四二，中國一一五（包括臺灣十二個），英國八十五，及印度六十二——這六個國家計有七四五個，約占全世界的半數。這種統計數字與各國的人口總數有關，但就其若干國家來看，也可視爲人口都市化的指標。無論如何，由此足見近十多年來，大都市數目增加之快。

第三個事實是：大都市愈來愈大。例如，紐約市的人口在一八〇〇年只有七萬九千，迄一九六〇年已增至一千四百多萬（大紐約市的）；倫敦的在一八〇〇年僅有九十五萬多，迄一九六〇年則增至八百二十多萬；東京在一八〇〇年有一百八十萬，迄一九六〇年則增至九百六十多萬，而一九七〇年大東京已超過一千萬。巴西的聖保羅在一九五〇年有二百多萬，一九六〇年增至三百六十萬，迄一九七〇年又增至五百六十多萬。不過此一事實雖然一般地可以適用，但也並非普遍性的。因爲任何大的都市究竟不能毫無止境的增長，而總要有其限度的，蓋都市有其向心力或拉的作用（pull），而同時也有其離心力或推的作用（push），由於交通運輸的發達，這種拉和推的作用更容易發生，特別在大都市情境下更爲常見。這並非說大都市的數目在減少，而是因爲工業和住宅地區的分散化，於是在大都會附近所建立的小型都市更爲增多，其人口所占的百分比也相對的提高。例如，美國百萬人以上的都市人口占全國人口比例近幾十年來都在下降之中，而小型都市及中型都市卻在增加，而成爲美國人生活之中心，以後此種發展趨勢將更形顯著。（註七）

就整個世界都市化發展的情形來看，根據過去和目前的資料來推測到將來，縱使這個推測由於受各種因素的影響而不一定完全正確，我們仍能窺見一斑。茲以美國都市社會學家海特（Homer Hogt）所作之推測爲例言之，因爲他的推測是最有用處的一個。他以一九六〇年的人口統計數字爲依據，而推測到二〇〇〇年的都市人口情形，詳見下表。

表二：世界人口按都市大小分組：估計從一九六〇年至一九七五年及二〇〇〇年

人口	百萬			百分比		
都會地區	一九六〇	一九七五	二〇〇〇	一九六〇	一九七五	二〇〇〇
一、〇〇〇、〇〇〇及以上	二五五	四九六	一、二八五	九・六	一三・〇	二〇・五
五〇〇、〇〇〇～九九九、〇〇〇	八八	一八一	四六五	三・〇	四・七	七・四
三〇〇、〇〇〇～四九九、〇〇〇	六六	一四三	三五五	二・二	三・七	五・七
一〇〇、〇〇〇～二九九、〇〇〇	一五一	二五七	五三九	五・一	六・七	八・六
總計一〇〇、〇〇〇及以上	五九〇	一、〇七七	二、六四四	一九・九	二八・一	四二・二
都市與鎮合計 二、〇〇〇～九九、〇〇〇	四一三	五三八	七七二	一三・九	一四・一	一二・三
都市總計	一、〇〇三	一、六一五	三、四一六	三三・九	四二・二	五四・五
鄉村總計	一、九五九	二、二一三	二、八五一	六六・一	五七・八	四五・五
世界總計	二、九六二	三、八二三	六、二六七	一〇〇・〇	一〇〇・〇	一〇〇・〇

資料來源：Gerald Breese, *Urbanization in Newly Developing Countries*（中央圖書公司民國五十七年），P.137。作者引自 Homer Hogt, *World Urbanization : Expanding Population in a Shrinking World*（Washington, D. C. : Urban Land Institute, 1962）.

依海特的估計，住在十萬人以上的都市人口將從一九六〇年的五億九千萬增至二〇〇〇年的廿六億四千四百萬，等於增加四倍多。按其百分比計，前者占全球人口的一九・九，後者占四二・二，即增加了百分之百以上。住在百萬人以上的都市人口在同時期將從百分之九・六增至百分之二〇・五或由二億八千五百萬增至十二億八千五百萬。利用每國官方的都市定義，海特預期都市人口將從一九六〇年的百分之三三・九增至二〇〇〇年的百分之五四・五，其人口數目將從大約十億增至三十四億一千六百萬，同時鄉村人口也將從十九億五千九百萬增至廿八億五千一百萬，結果是全世界將有半數以上的人口住在都市地區。（註八）

關於各國個別都市人口的預測，目前我們還沒有很多的資料足供參考。惟美國人口學家達偉斯（Kingsley Davis）對於印度人口曾有詳細研究。他在一九六二年對該國十個主要都市人口在一九七〇及二〇〇〇年曾提出低度及高度的估計。依其保守的估計，他指出若是以目前的增加率繼續下去，到公元二千年，各都市的人口將如下表：

表三：印度十大都市人口（公元二千年：按低度與高度估計）

都市	百萬計	
	低估	高估
加爾各答（Calcutta）	三五・六	六六
德　里（Delhi）	一七・八	三三
孟　買（Bombay）	一一・九	二二
馬德拉斯（Madras）	八・九	一六・五
邦加羅爾（Bangalore）	七・一	一三
阿麥達巴德（Ahmadabod）	五・〇＋	一一
海德拉巴（Hyderabad）	五・〇＋	九
甘浦爾（Kanpur）	四・〇＋	八
浦　那（Poona）	四・〇＋	七
那格浦爾（Nagpur）	三・六	六・六

參考：Breese, *op. cit.*, P. 141

近二十年臺灣的人口都市化亦頗爲迅速。例如，住在二萬人以上的地方之人口，在一九五五年占全人口的百分之五四·九，到一九六九年則增至百分之六一·四；住在五萬人以上的地方的，在前後同年度，各占全人口的百分之三一與百分之五一·三；住在十萬人口以上的地方的，在一九五五年占全人口的百分之二三·五，迄一九六九年則占百分之三四。換言之，住在大都市的人口在一九六九年已占全人口的三分之一以上。根據人口學家達維斯的說法，一個國家或地區如有這樣比例的人口住在大都市裡，它就可稱爲都市化的了。又以大都市的數目來說，在一九五五年全省只有八個，迄一九六九年增至十一個。再以個別的都市來看，在一九五〇年臺北市的人口只有五〇三、四五〇人，至一九六九年則增至一、六五三、九三七人，此其中有一部分的增加是由於新併入六個市區的緣故；在同一時期，基隆市的由一四五、四〇五人增至三一三、二六三人；臺中市的由一九九、五一九增至四二一、一〇八；臺南市的由二二一、〇八八增至四五五、四八二；高雄市的由二六七、五一五增至七五六、一三四人。總而觀之，在不到廿年內，每一大都市的人口皆增加了一倍以上。如果依此推測，則在二十年後，臺北市的將增至三百多萬，基隆市的將增至六十多萬，臺中市的將增至八十多萬，臺南市的將增至九十多萬，高雄市的將增至一百五十多萬。又如以民國四十八年至五十八年五大都市人口增長情形，用統計學求曲綫長期趨勢方法來計算則到民國七十八年臺北市的人口將增至三百八十多萬，基隆市的五十八萬多，臺中與臺南兩市各八十七萬多，高雄市的二百五十多萬。

根據經合會都市建設及住宅計劃小組的估計，「今後臺北市內可增容之最高人口約爲七十萬人至一百萬人之間」。（註十）這就是說臺北市總共大約可容二百五十萬人。又依照他們的預測，臺中市至民國八十年，可容九十萬人，高雄市可容一百五十萬人。這和我們上面所作之估計，有些地方頗多接近之處。

不過人口的增長常受多種因素的影響，且有的並非人力所能控制，故任何人口估計都難預決其正確性。然而，依照現狀的人口增長率來看，在最近的將來，臺灣人口必然繼續增加，人口都市化也必然提高，這倒是可以斷定的。唯一希望是使其不要增加得太快，而這種希望之合理的實現辦法只有普遍實施家庭計劃，降低生育率，因爲增加得太快，對於社會經濟的負荷實在是一個大威脅。

三、人口都市化的原因與結果

人口都市化的原因是多而複雜的，而世界各國及各地區，因其歷史背景及文化發展階段又各有異，所受因素之影響也不盡相同。例如，拿已發展的國家或地區和正在發展的相比，又第二次世界大戰之前期和其後期的相較，就可以了然。不過，一般的說，在各種原因當中，最顯明和最重要的是人口的增長及工業的發展，這兩種現象或原因可說是全球性的，有的地方也互有因果關係，而尤以第二次大戰後正在發展中的國家及地區的爲顯著。人口的迅速增長主要原因是由於出生高於死亡（即自然增加）很多，這主要又是因爲農工業生產的增進和醫藥衛生的改良。在歷史上，有很多都市人口的增長主要是由於鄉村人口的移入，現在有很多都市的情形還是如此，不過同時也有很多都市的並不盡然，因爲它們人口的自然增加也是一重大因素，而且有的比較社會增加還要繁多和有其繼續性。例如，臺灣九個大都市的情形大致就是如此，（註十一）又如拉丁美洲許多都市也類似於此，即都市人口的自然增加係移入居民及都市原有居民之自然增加的比重總和，若是完全歸因於社會增加或移入人口，那是錯誤的。（註十二）至於工業的發展引起都市人口的增長這當然更易於了解，因爲工業設施多半集中於都市，而其發達不但有助於生產增加，商業繁榮，及就業機會的加多，使都市的吸引力也大，其總結果是人口集中於都市的越來越多。

人口都市化的影響，所造成的社會問題，到處存在，尤其正在發展的國家裡。對於這一點，聯合國一位官員魏斯曼（Ernest Weissman）於一九六五年在布爾格拉（Belgrade）舉行的聯合國世界人口會議中，所提出的論文「人口、都市增長、及區域發展」內，曾有扼要的陳述，今特將其譯述簡介於下，以供參考。

目前都市與都會聚集爆炸性的增長乃一新現象。這世界今迅速地從農業的和鄉村的改變爲高度都市化的社會；工業正在成爲更多人口的主要生計來源。到處人們都在追求更好的生活，這是科學及工藝學使其可能的，高度生產力及較好的衞生和營養使其有此希望，又普及教育及大衆傳播使其成爲一切人類所共有的一種熱望。在我們這個時代，都市具體表現有滿足這種熱望的基本條件。因此，它具有自然力量以吸引鄉村人口，這種人口在過去由於土地的不足及其保有權的條件，僅能維持生存，而現在新農業技術倒使其成爲多餘的了。

結果，鄉村的「推」和都市的「拉」便產生了移民的巨流。但同時，工業、運輸、商業及大多數其他部門卻又需要較少數的人以製造較多和較好工作和較好生活的用具。在前工業化和許多工業國家裡，這種情況的更爲顯著徵象是許多都市內缺少充分的居住及公衆服務，常缺少安全的水和衞生設施，汚物與窮苦隨着擴展的地區而存在，疾病和死亡率也跟着上升。前工業化國家的都會貧民窟和簡陋市鎮中之極度的空間擁擠和社會緊張情形正在迅速地接近危機的狀態，這可能不只使計劃的經濟模式變形，而且遷延或者甚至顚倒它們的發展。在都市中新來的人很少能夠找到職業足以改進其生活狀況。事實上，他可能從鄉村的維持生存水準轉移到低於人類所能想像的都市生活水準。他差不多永不能成爲他所選擇之社區的一個正式分子，它的機關團體也不好好地爲他服務。

在許多都會地區，違章集居及簡陋鎮集已經居住了它們總人口的四分之一至半數。貧民窟和簡陋市鎮的居民每年增長率是百分之十二至十五。目前都市爆炸（urban explosion）的一個不能避免結果是它們的最低進款集團，貧民窟居民及違章建築者，更進一步的衰落。

在工業化國家裡貧民窟的居民也不見得比較好些。在這些國家內，由於基本的經濟社會變遷聯合而來有工業的自動化，農業的機械化，服務業的擴展，計算機的計劃及動力的倍增，剩餘的鄉村居民及住在停滯的小市鎮中之居民，便遷移至大都會的地帶，或者從一都會轉移至另一都會。當情况退化時，工商業及有較高收入的家庭便遷移至新的郊區以尋覓更合宜的環境；而勞動的移民及新的移民便佔有由較爲富有的市民所遺棄的正在衰敗中之中心市區。

二十世紀下半期開端的展望實在可怕。很多高度工業化國家不能及時利用其資源以發展適宜於生活和導致經濟成長的環境。在另一方面，正在開發中的國家則缺少所必需的資源去這樣做。可是不能採取行動已經給世界每地區帶來了都市的危機，威脅人類的進步。在很多地區，迅速的人口增長及緩慢的經濟進步正在造成枯萎和衰敗的飛快擴展，這些連同犯罪、惡習、及社會失調已經成爲「邊際」（“Marginal”）人口的都市環境。有十萬或以上居民的都市已經由一八〇〇年的一千五百萬人增至一九五〇年的三億一千四百萬人，或在一百五十年內超過了二十倍。到了公元二千年都市人口大概將占全球人口的百分之六十左右。因此，在五十年內必須準備一種差強人意的都市環境比先前一五〇年內所建立的可多容十三倍的居民，或者在以後五十年內的建造率必須比過去的平均幾乎要多四十倍；以正在開發中國家的資源和生產力來看，這種任務是幾乎不能想像的。（註十三）

依魏斯曼以上的描述看來，目前世界人口都市化，尤其正在開發國家的，其情勢及前途顯然十分暗淡而可怕。許多國家的都市實況可能正如所述。不過他將各國由鄉村移入都市的人口一概而論，遭遇同樣的命運，這又未必完全正確，因爲鄉民遷移都市有的地方對於個人及社會國家其結果並不一定完全是壞的。然而，由於人口都市化的過於急劇或過度發展，即所謂過度都市化（overurbanization），而有關當局又不能及時採取適當措施，作合理而有計劃的處置，或設法加以預防，其結果必然產生許多問題，所遭遇的困難可能愈來愈嚴重，使都市與鄉村兩敗俱傷，甚至使都市成爲社會革命的溫床。

要之，從都市社會學的觀點來看，人口都市化乃現代人類社會最顯著的一個特徵，也是人類所遇到最基本和最重大而又不能廻避的社會問題。它是近代文明的產物，是全球性的，包含有多而複雜的原因和結果。它是社會文化發展過程中的一個重要階段，對人類生活方式而言，是一個重大革命，是史無前例的，同時也是人類前程的一個顯明的指標。遇着這個指標，人類無法向後退，除非遭遇了人爲的大禍害，如核子戰爭，或天然的災難，如地理的大變動，而只有向前進，至於沿途究竟是平坦或是多荊棘，可能是後者，如前面引述魏斯曼所作的觀察，却完全要看人類是否能運用其智慧作合理的選擇。倘能參照社會學所提供的某些有關原理，如根據人類的需要，有計劃的創造適當的環境，降低人口的出生率，並對城鄉作合理的安排，前途可能比較平坦而安全。

附註：

註一：龍冠海著「中國人口」（中華出版事業委員會，民國四十四年），第二章；「社會學」（三民書局，民國五十五年），第六章。

註二：Donald J. Bogue, *Principles of Demography*, (New York: John Wiley and Sons, Inc.; 1969) P. 7.

註三：*A Dictionary of the Social Science*, edited by Julius Gould and William L. Kolb, (UNESCO, 1964)

註四：George A. Theodorson and Achilles G. Theodorson, *A Modern Dictionary of Sociology*. Apello Edition, 1970.

註五：*Urbanization in Asia and the Far East*, Proccedings of the Joint UN/UNESCO Seminar, Bangkok, 1956; *Urbanization in Latin America*, edited by P. M. Hauser, UNESCO, 1957.

註六：Bogue, *op. cit.*, PP.467～469.

註七：Irving Kristol, ''Urban Civilization and Its Discontents'', *Dialogue*, Vol. 4, No. 1, 1971, PP. 14～24.

註八：Gerald Breese, *Urbanization in Newly Devoloping Countries*（臺北市中央圖書公司，民國五十七年）, PP. 137～139.

註九：同上，P. 141.

註十：臺北市綱要計劃，行政院國際經濟合作發展委員會都市建設及住宅計劃小組編印，中華民國五十七年十月，頁三十。

註十一：參閱龍冠海著「近廿年來臺灣五大城市人口動態的研究」，（國立臺灣大學社會學刊第五期，民國五十八年四月十五日）。

註十二：Robert H. Weller, John J. Macisco, Jr. and George R. Martine, "The Relative Importance of the Components of Urban Growth in Latin America", *Demography*, Vol. 8, No. 2, May 1971.

註十三：Bogue, *op. cit.*, PP. 470~471.

第八章　都市區位體系與過程

一、都市區位體系的意義與要素

區位學（Ecology）及區位體系（Ecosystem or Ecological System）二詞在前面已經約略提及，本章因爲集中於都市區位的討論，擬再爲申述之。英文 Ecology 一詞來自希臘文 Oikos，意指 Household（家庭或住戶），近代在科學論著中應用係由德國生物學家赫格爾（Ernst Haeckel）於一八七三年所提倡，繼後成爲生物學的一種研究，即區位學（或譯爲生態學或地境學），注重研究一切生物有機體與其環境的相互關係，後又劃分爲二個範圍，即植物區位學（Plant Ecology），專門研究植物與其環境的相互關係，及動物區位學（Animal Ecology），專門研究動物與其環境的相互關係。迄本世紀一九一〇年代，又有人進而把它應用於人類與其環境的相互關係，而稱爲人文區位學（Human Ecology）。在社會學中，這門學問的提倡主要得力於美國芝加哥大學社會學教授派克（Robert E. Park）及其同事和門徒，故派克被稱爲「人文區位學之父」。人文區位學不但已成爲社會學的一分支，而同時也被視爲一門社會科學，其中大致又分爲三個範圍，即：㈠人類個體區位學（Human Autecology），研究個人與其環境的相互關係；㈡人類團體區位學（Human Synecology），研究人類集團與其環境的相互關係；及㈢社會區位學（Social Ecology）即人類區位學被視爲社會學的一部分，而不是相等於人類（或人文）地理學（Human Geography），但社會學家卻比較常用人文區位學而少用社會區位學的名稱。又前面所謂人類個體區位學及人類團體區位學在社會學中也更少看見有人用。

不管是用人文區位學或社會區位學，它所注意探究的現象主要包括這兩方面：㈠人類居住地區的空間功能結構；及㈡社會文化特質或結叢之空間分佈狀態。這些現象的產生和變遷被視為社會與區位二者互動過程之結果。若是專應用於都市中的這些現象，則稱為都市區位學（Urban Ecology）。雖然人文區位學乃研究所有人類社區內的這些現象，但由於都市社區所呈現的更為顯著，具體而複雜，它特別集中於都市方面的考察，其所有貢獻，直至目前為止，差不多也都是屬於這方面的。

區位學雖然可以劃分為植物區位學、動物區位學、及人文區位學三個範圍，可是它們並非彼此毫無關係或完全分開的，因為植物環境中可能包括有動物和人文的現象，動物環境中也可能包括有植物和人文現象，而人類環境中更難免包括有植物和動物。因此，所謂區位體系乃一般地指一種生物集團和其棲息地或物質環境之相互關係，或可釋為環境的與生物的體系之互動關係。（註一）如果應用於都市社區方面，區位體系包含有五種要素，茲約略分述之如下：（註二）

⑴人口　任何都市皆是一個具體的人口集團，居住在一有限的空間。這種人口集團有它的特徵，例如，一般地說，人數比較多，密度比較高，流動性比較大，在其工作上，多為從事非農業的，並且多半是在戶內或場所裡而非在野外……由於具有這種種特徵，其團體分子之間及其對自然環境的調適作用

也呈現有各種特色，如空間的和社會的競爭顯示比較劇烈，動植物被人類所馴服或控制，不但動植物不易自然繁殖，甚至人口，由於受都市生活條件之影響，也不易依着自然增長。

(2)環境　都市人口係集中於一特定的自然環境。這種環境包括地形、位置、氣候、自然資源、自然災害（如水旱災、地震）、及地質的變遷等現象。這些現象的聯合或者甚至其中任何一種的作用都可影響到人口的數量、分佈、謀生機會、增長速度、或變遷及結構型態。例如，基隆、臺北、臺中、臺南、及高雄的環境各有不同，其人口的組合及發展情形也各有差異。

(3)工藝（technology）一個人口集團對其環境之調適顯然受其現有工藝水準之影響。工藝水準高的地區，自然資源的利用程度也深而廣，工商業比較容易發達，居民人數及其營生機會必多，生活水準必高，其社會流動也必大。我們只要拿前工業都市與工業都市來作一比較，便可了然。

(4)組織　這裡所謂組織特別指社會組織而言。組織就是力量。任何社會的盛衰差不多完全決定於它的組織力量之強弱。都市乃一有組織的社會，但也有程度強弱之不同。都市居民在其生活上必然有各種互賴，這就是說，必然有各種分工與合作，始能滿足其需要。有分工與合作，又難免有競爭和衝突的互動過程。都市人口中有各種職業和階級的人。同一職業或階級的人，爲了互助及增強其力量，常結合在一起，如工會、商會、及自由職業者聯合會之類，這一方面是爲了保護自己的權益及促進自己的福利，另一方面也是爲了與別人競爭。若無組織，則無法立足而繼續生存。各種組織本身可視爲一體系，但由於生活的互賴關係，在都市中和在其他社區及整個人類社會中的情形一樣，任何一種職業或階級的人都不能僅恃自己的組織而生存，而必須與其他職業或階級的組織有多少聯繫，於是這種關係乃表現都市整個也是一組織體系。從另一方面來看，各種不同職業、階級、或人口集團，在空間的分佈，常呈現有隔離，毗鄰或混合的現象，於是構成都市中各種集居的模式，可是彼此之間也還是有多少關係，故就此來觀察，也形成空間關係的一種結構或體系。這種體系顯然與前面所說的那三個要素有某些關聯或者受其限制或規定。這也是都市區位學特別注意探究的一種現象。

(5)社會心理　人是具有願望、情感、意志、目的、好惡、偏見等等心理特質的動物。他與別人的結合，無論在時間上或空間上，主要是由於心理因素的關係。凡是對我們自己或自己團體有利者，我們就喜歡和其親近或結合在一起；凡是不利者，我們則表示不歡迎，或廻避之，不願與其為伍。這種心理作用在都市的各種自然聚合（natural groupings）中表現得特別顯明。例如，在美國許多大城市裡，各種外國移民，像猶太人，意大利人，波蘭人，中國人，或其他民族集團，尤其第一及第二代，常集居在某一特定市區；又如白人與黑人常分開居住，若是原為白人集居的市區而有黑人侵入，白人就會漸漸他遷。在各國的大城市內，上等階級的人不但在社會上所的佔地位比較高，同時在都市的空間上所佔的區位也常居優勢，即他們常住在較好的或高尚的市區，遠離了貧民窟。

總而觀之，上述五種要素是互相關係和互相影響的。譬如，集居人口的數量每與地理環境及工藝發展水準之高低有關；人口組合的異質性也與社會組織及社會心理有關。又人口的繁殖、工藝的進展、及社會組織的加強，皆足以導致環境的變更。同時，社會心理的趨向，如價値觀念由保守轉爲進步或由消極的敵對改爲積極的合作，對於其他的要素也必然發生某些適當作用。譬如，目前臺灣各大都市，就其區位體系來看，頗形雜亂。人口在無節制地增長，地理環境未能善爲利用，現代文明所發展的新工藝未能充分引進，社會組織未能予以加强，市民心理多保留鄉民的狀態，故其總結果是新舊雜陳，文化失調，甚至南轅北轍或方柄圓鑿。更具體地言之，因爲人口迅速地增加，而住宅卻不能比例地增建，結果造成房荒和違章建築林立的現象。都市既然發展，而下水道、道路、消防設備、交通運輸工具、以及其他公用事業卻未能迎合現代化的標準，以適應市民之需要，於是怨聲載道。同時，一般市民的社會態度、生活方式、及日常行爲仍保持着鄉村的若干特質或色彩，而缺少現代都市生活的教育和訓練，於是影響社會秩序之維持和改進。例如，交通的雜亂，環境衞生的惡劣，公物的被竊盜或毀壞，以及市容的不雅觀，皆爲明徵，也皆足以表明都市社會組織的不健全和市民社會心理的不合時代。反過來講，假設人口的生育和遷移有合理的調整，市政設施有效地應用現代科學的方法及技術，以改進其自然的及人爲的環境，對市民的組織能予以加強而發揮其功能，對市民的心理也能加以導進，使其適應都市生活需求，如此，我們相信各都市必能整然有序，各得其所。其人文區位體系也必能改變其舊觀，而有新的發展和展望。

二、都市的區位過程

人文區位學利用幾個基本概念來描述和說明人類在社區內或特定空間的動態關係。這些概念是：集中(concentration)，集中化(centralization)，分散化(decentralization)，隔離(segregation)，侵入(invasion)，及承繼(succession)。(註三)這一套概念應用來描述都市的區位關係特別有幫助，故也成爲都市社會學的主要名詞。茲分別予以簡單解釋並舉例說明之於下。

集中乃指一個都市地區因爲某些條件有利，人們向其聚居的數目漸見增多之過程。它是一個都市地區的人口分佈有差異的結果。這個概念的着重點是在人口分佈的狀態。好比整個地球，或任何區域或國家的人口分佈情形一樣，沒有那一個地方是完全平均分配的，總是有些地方人烟稠密，而有些地方則人口稀疏或無人居住；任何都市地區也有類似情形。用爲測量集中過程的主要方法是人口密度。大凡人口密度愈高的地區即表示集中的程度也愈高，而影響這種過程的因素則可能有多種，包括交通運輸設備是否便利，居住地點的購置或土地的利用是否合乎經濟條件，此外尚包括歷史的或社會文化的背景。由於這些因素的影響結果，一般的趨勢是都市中心或與其毗鄰的地區人口密度比較高，而由此向其外圍漸漸地降低。試以臺北市未改制之前(民國五十五年)十市區的人口密度情形爲例言之(從其最高到最低依次排列)。(1)建成、(2)龍山、(3)延平、(4)大同、(5)古亭、(6)雙園、(7)城中、(8)大安、(9)中山、及(10)松山

。前面幾個市區差不多全是發源比較早，商業比較繁榮，及交通運輸比較便利的，而後面三個則是臺北市晚近向東邊擴展的。（註四）

集中化可解釋爲都市中人們日常聚合於某一要點以滿足其需要或從事某些特定的社會經濟功能。依普通的用法，此名詞的含義是指人們聚合於都市中心要點的趨勢；這樣的地方是商業區中心，即人們交易來往最多和最重要的地方。此名詞也應用於某種機關的功能方面，例如行政控制的中心化，或某些經濟活動像特種批發交易的集中化。與此一概念有密切關係的是另一區位過程，即居優勢（dominance——或譯統治、支配、優越）。這是指集中化地點對其周圍或其他地區的一種關係，即它對它們在功能上有影響，控制或支配的作用。

分散化普通指都市人口由中心地區向外遷移的趨勢；也用以指事業的或居住的分散趨勢，如工廠或某些住宅疏散至郊外，這種現象牽連到人口的流動性，也是都市人口過於集中的必然發展的反作用。分散化乃是現代各國大都市，像紐約、倫敦、東京等，所表現的一個普遍現象，於是造成郊區及附近小市鎮或衞星城市的日形發展。

隔離指都市中居民由於種族、宗教、職業、生活習慣、文化水準、或財富差異等關係，相類似的各集居於一特定地區，彼此分開，關係比較疏遠，有的甚至存有歧視或敵對的態度。每一隔離集團普通稱爲都市中的自然區（natural area）。世界上有許多大都市差不多皆有猶太人集居的市區，稱爲「吉獨」（Ghetto），這是歷史上都市中最聞名的一種民族自然結合，同時也是一種隔離區。美國的一般大都市，由於人口的來源及組合十分複雜，隔離的現象相當顯著而普遍，尤以白人與黑人的隔離爲甚；其他如所謂「中國城」或「唐人街」、「小西西里」（意大利移民集居的市區）、及「俄國城」（Russian Town）等，也都是明顯的例子。中國大陸過去有若干大都市，如上海、天津、北京、漢口、廣州等，有許多外國人分別集居於特定市區，這也是隔離的現象。

與隔離現象有點相類似的一種區位過程是專業化（specialization）。（註五）這是指都市範圍內某些特定地區限於或集中某種專業用途或特殊活動，多半屬於經濟方面的。例如，古代東魏時的洛陽有以下各區的劃分：市東有通商及達貨二里，爲商業區；市南有調音及樂律二里，爲歌曲或娛樂區；市西有退酤及冶觴二里，爲賣酒區；市北有慈孝及奉終二里，爲棺材業所在地。此外尚有準財及金肆二里，爲富有者所居。現今臺灣若干大城市有風化區的劃分，亦爲一例。又近代都市設計常有商業區、工業區、住宅區、文化區、及娛樂區等的劃分，這也是明顯的指定都市土地的各種專業用途。這裡所講的專業化與下面要述的自然結合有關，茲不贅述。

侵入是指一個市區原爲某種人或功能所佔有而由外來的另一種人或功能所滲透。侵入的過程是所有區位過程中最普遍的一種，只有某些未曾發生任何變化的都市才沒經驗到和受其影響。導致侵入過程的情況包括以下各種：從一地區的一部分人口遷移及擴張至另一地區；運輸方式及路線的變遷；由於物質條件的退化或用途的變更使原有房屋即將作廢；公家的或私人的建築物之建立具有吸引力或排拒力的作用；新式工業的引進或現有工業組織類型的變更；經濟基礎的變遷可能導致所得的重新分配而影響其人口選擇及獲得居住的能力；以及利用獎勵的辦法，像政府的補助，以鼓勵大衆在特別地區覓建房屋，或引誘新的或正在擴展中的工業遷移至已計劃的工業區。

一種不同的人口集團或土地利用對一個地區的侵入並非一蹴而成，而是要經過各種階段。在開始的時候，壓力乃主要力量，如一個增長的人口需要有更多的生存空間，其侵進之處常是流動性最大的地方，而對侵入者的抵抗則有賴乎原佔有者的團結力之大小，法律的或類似法律的限制如何，或先前存在的土地利用類型之慣性。（註六）又以臺北市的情形爲例言之。由於臺灣光復後，本市人口很快地增加，有的是從本省其他地方遷來的，有的是從大陸移進的，原有靠西邊的舊市區已有人滿之患，於是向東、南、北三方面人口比較稀疏的市區擴展。這些地區，包括中山、大安、古亭、及松山等，原來大部分都是鄉村及農田，近二十五年內已逐漸改變爲別的用途，如住宅、公寓、旅館、工商業、及教育文化機關之類。但尚有若干零星地區仍保存着農田及鄉村狀態，這表明其有抵抗力及慣性之存在，不過終究將爲別的用途所完全取代，這乃勢所必然。

承繼的區位過程就是指原有地區之人口或事業完全爲別的取而代之。所以這個過程和侵入的過程乃是先後有連帶關係的。而跟着時勢的遷移與都市情況的變化，已承繼的地區將來又可能爲別的人口集團或功能所侵入，故這兩種過程在都市地區，尤其在都市化迅速發展的時代，似乎常在循環狀態之中。

總而觀之，上述幾種都市區位過程顯然皆有其連帶關係。都市社會學特別注意這些過程的探究，其主要目的是想藉此以了解都市的動態，尤其區位的變遷情形，並且可用這種知識爲依據，以預測，甚至控制，某些都市問題的發生或引導其走向特定的途徑。例如，人口或事業若是過於集中，可設法使其分散化；隔離如產生有不良效果，可設法予以取締之；其他可依此類推，不必枚舉。不過都市社會學家運用這些區位概念於都市社區研究過去差不多全是在美國，而該國都市的組織及變遷情形却未必和別國的完全一樣。晚近社會學家在世界其他地區，像歐洲、南美洲、及亞洲，從事類似的研究，其中有好些的發現也都指出，事實上是與美國的不大相同。例如，法國的都市結構就不像美國的那樣有顯明的集中化，人口的激烈流動和分散化，以及侵入與承繼等過程。（註七）不但各國的都市區位過程發生情形不盡相同外，就是同樣的都市在時間上的發展狀態也可有異。大概舊都市的區位變化較少或較慢，而新的或正在發展中的都市的則比較多而且快。

三、都市擴展的模式

從都市擴展方面來看，研究都市社會的學者提出此一問題，即都市擴展的區位模式是否一律的？如果是的話，其模式的性質又如何？能否下一概括論斷，找出一個原理法則，作爲一般都市擴展情形的說明？對此一問題最先提出一個解答的是美國社會學家浦濟時（E. W. Burgess）。根據芝加哥城的研究，他提出一個假設，即現代都市區位的擴展是有一定型的，他稱之爲「同心環說」（concentric zone theory）。他以芝加哥爲根據把都市的發展模式，劃分爲五個環或區，每個皆具有某些顯明的特徵，玆分別簡介之於下。（註八）

㈠商業中心區（The Central Business District）　這是第一或內區，乃摩天樓、百貨商店、各種廉價商場、旅館、飯店、戲院、及電影院的集中地，以適應進城購物者或過客的需要，這種內區根本是零售商業、輕製造業、及商業化娛樂的一個地區。這在芝加哥叫做「盧普」（loop—圓環），這個區只佔整個都市社區的相當小部分。

㈡過渡區（The Zone of Transition）　這是環繞着商業中心區的，浦濟時稱它爲過渡區，因爲它係商業和工業擴展的直徑，而且只有暫時存在的性質，即常在變遷之中。不像商業區絕大部分是非居住的，過渡區居住人口很多，包括低收入階級，歐洲移民及鄉村移民，不從習俗者，及被社會遺棄者，如罪犯及妓女等。另一特徵是這個區內也有若干豪華住宅，即所謂「黃金岸」（The "Gold Coast"）。

㈢工人住宅區（The Zone of Workingmen's Homes）　在外表上，此區比過渡區爲優，但又趕不上中等階級的住宅區，它的居民大半爲工人，他們是從第二區遷來的第二代移民；他們的經濟地位較第二區的爲佳。

㈣中等階級住宅區（The Zone of Middle Class Dwellers）這是工人階級住宅區之外的市區，面積廣大，居民大半是自由職業者、小商人、經理人員、及事務員之類。本區內有旅館和公寓，單獨的住宅，有大的庭院與花園，居民主要是土生的白種人，教育水準比前二區內的為高。

㈤通勤者區（The Commuter's Zone）這是在都市的外圍，包括市郊、及許多被合併與未被合併入中心都市的地方。如衛星城市和村莊之類。由於交通運輸的便利，住在本區的人有許多是白天到城裡工作，晚上才回家去休息。因此，有些作者稱呼這地區為「臥房市鎮」（"bedroom" towns）。此區的居民多為中等階級以上的，是由第四區遷入者；他們有高尚的住宅和設備良好的娛樂場所。

上述浦濟時的同心環說告訴我們都市擴展的模式是由中心到外圍，依其層次，劃分為五個環或區，按照居民的經濟地位與土地的利用性質，各有其特徵。這只是都市發展的一個理想類型，不一定符合任何現實都市的型態。浦濟時並且指出，從中心至外圍，犯罪率、性比例、及外國出生者的百分比，有遞減的傾向，而住屋的自有者則有遞增的趨勢。在有些情形下，這種升降率有一律的連續性。在芝加哥，有人從事犯罪的區位研究，（註九）又有人從事精神病患者的區位研究，（註十）也都證明有這種升降率存在的現象。

浦濟時的同心環說提出之後，讚揚或反對者頗有其人，同時也引起別人從事其他城市之研究，以事實來證明、否定、或修正其說。隨後又有二個關於都市擴展模式的主要學說提出，即扇狀說（ sector theory）與多核心說（multinuclear theory）。茲在下面分別述其梗概。

扇狀說是美國社會學家海特（Homer Hoyt）所提倡。他以一四二個美國都市的地產目錄資料爲根據，於一九三九年提出都市發展的扇狀說，他假定都市的擴展是沿着主要運輸路線或抵抗力最小的路線，而構成星形的都市。扇狀說主張租金高的地區是在都市的一個或多個扇狀形地帶的邊緣，又有些扇形地帶中的租金低市區看來好像一塊蛋糕的形狀，從都市的中心伸展到邊緣。當都市人口增長時，租金高地區便沿着扇形地帶向外遷移；於是由上等收入的團體所放棄的市區便成爲作廢的，而由低等經濟地位的人移入又常變壞了。海特認爲，租金高的地區並非形成一個同心環繞着都市的外圍，而通常是在一個或多個扇形地帶的外緣。他將美國都市的模式比類一個章魚，其觸角沿着運輸路線向各方面伸展。（註十一）

多核心說乃美國哈里斯（C.D.Harris）與烏爾曼（E.L.Ullman）所提倡。這說有異於前兩者，因爲它假定都市不僅有一個而是有好幾個中心。每一中心對某一特殊活動都有專業化的傾向，如零售、批發、財政、政治、娛樂、教育、及其他類似的。好些個中心可能從都市的肇始就已存在，或者後來由一中心劃分而發展出來。倫敦是第一類的一個例，當其城市肇端時，財政與政治中心就已分開。芝加哥乃第二類的一個例，因爲它的重工業起初是集中於城中區，而後來才集中於該城東南端的一個地區。（註十二）

上述三說，以第一及第二個於發表後被批評得比較多，一般都認爲此二說皆不能充分地說明美國所有都市的發展模式。至於第三個固然有很大伸縮性，但也不能說放諸四海而皆準。總而觀之，這些理論在應用上沒有一個是完全的和普遍性的。每一個都只代表一種探究法，在特殊時間和空間對於都市的一種看法。（註十三）它們既不能完全用來說明美國所有都市的發展模式，恐怕更不能適用於其他國家的。不過有了它們，別人不妨拿來當作假設，以便研究其他地區的都市，作爲比較，以斷定其正確性的程度。晚近在南美洲、歐洲、及亞洲已經有若干都市的研究，其結果差不多都指出那些學說的不能完全適用。（註十四）

四、都市區位的自然聚合

都市區位普通有兩種劃分方法。一是政治的或行政上的分區，譬如，臺北市未升等之前劃分爲十區，其他都市也有類似的情形。這種辦法只是爲行政上的方便而已，多半屬於武斷，未必符合乎地理及社會文化等條件或事實。第二個劃分方法是功能的，即按照都市區位的用途而分爲各種不同市區。這又可別爲人爲的或有計劃的和自然的二種。前者爲現代都市設計所常強調的，如將整個都市按其區位的適合性，分設住宅區、商業區、工業區、文化區、及娛樂區等。後者在社會學上稱爲「自然聚合」（Natural Groupings — 孫本文譯爲「自然團結」，而筆者覺得團結一詞未免言過其實，故另譯爲聚合），這種聚合可說幾乎全是自然的，是以「物以類聚」及「同類意識」（“Consciousness of kind”—美國會社學家Giddings的名言）的原理爲根據，是都市社區中最普遍的一個事實，也是社會學家所特別注意探討的一種現象。這大致可分爲二大類：⑴人口的自然聚合，及⑵事業的自然聚合。前一類又可根據人口集團所具有的某些特質，而別爲以下四種：

㈠種族的或民族的　同一種族或民族的人在都市中常易集居在一起，在外來移民多之國家像美國的都市裡，這種現像尤其常見，例如，黑人和白人的分居、唐人街、日本人街、猶太人的「吉獨」等等，這在前面討論隔離的區位過程時已經提及，不必贅述。

㈡文化的　這與種族或民族可能有關，但也不一定有關。文化包括生活習慣、語言、風俗等要素，在這些方面相同的人常易聚居在一起。例如，在新加坡有海南街爲海南移民居住的市區；在曼谷有潮州人，客家人，廣府人，福建人，海南人，等等的集團。

㈢社會階級的　一般大都市裡，貧富每有顯著的懸殊，彼此也常分開居住，佔有不同的區位。例如，芝加哥有「黃金岸」與貧民窟兩個對照地區；過去上海的「愚園路、海格路、愛文義路、白克路、派克路一帶，率多富人住宅，閘北大統路迤西一帶，率多貧民住宅。」（註十五）現在臺北市的中山北路及其東北邊新公寓區一帶，亦多爲富有者所居，而南機場一帶則多爲貧戶所居。

㈣職業的　都市裡的工人、商人、文化工作者、專門職業者也每有自然聚合的現象。譬如，臺北市松山區以從事工農業者居多；延平、建成、及龍山三區以從事商業者居多；大安、古亭、及城中三區則以從事自由業（包括教育文化事業者）居多。

第二大類是事業的自然聚合。這與上面所說專業化的區位過程差不多一樣，特別指某些事業聚集在某些市區或街道，這也是都市中非常普遍而顯明的現象，任何人只要到任何一都市去觀察一下，就可發現的。譬如，臺北市娛樂場所多半集中在成都路、西寧南路及武昌街（即所謂西門町）一帶。與這一種事業有共生作用的是飲食及旅館事業，也多集中於此地區，圓環一帶乃是小食店的集中區，至於高尚的觀光旅館則多分佈在中山北路及其東北邊一帶。重慶南路是書店集中區，博愛路、衡陽路、及延平北路爲百貨商店，尤其布商及洋貨的集中區。漢中街、南昌街、及中山北路一段多爲出售傢具所在地。這只是幾個顯明的例子而已，其他恕不詳述。（註十六）

自然聚合現象的產生其原因多而複雜，其結果也可以有多種。一般言之，大概人口的自然聚合主要是由於血統、心理、經濟、及社會文化等因素所造成，而這些因素又常是互相影響的。譬如，美國都市中黑人和白人分開居住，種族的遺傳固然是一個影響因素，但同時，他們彼此經濟地位，社會參與，以及文化教育機會的差異，而這些又引起他們有不同的心理反應。因此，他們在區位上各自聚合乃是必然的。這一種自然聚合其結果在消極方面可以避免衝突，在積極方面可以促進合作與同化，而由當地政府的立場來看，在管制方面也可能有幫助。至於事業的自然聚合其主要原因，就各種工商業來講，是經濟競爭，招徠顧客，獲取利潤。爲達到此目的則不得不爭取較優的位置，像交通運輸方便，顧客來往多，而對於購買貨物又能有選擇及比較之便利。但由於競爭的緣故，常易發生大魚吞小魚的惡果；可是在另一方面倒可促進工商業的進步。此外，由於都市人口增長，市面擴張，土地投機事業興起，引起地價高張，這又促成區位的變遷，以及侵入及承繼等區位過程的起伏作用。

總之，從人文區位的立場來看，都市是個複雜而有結構或組織的地域集團。它所占有的空間按照土地利用及社會功能而有各種不同的區分，彼此之間有隔離、侵入、承繼、及專業化的作用，也有集中和集中化的現象。都市裡常有競爭、衝突、順應、合作、及同化的社會互動過程；同時又有共生共榮與寄生等情形。凡這種種與都市區位都有關係。除了內在的關係外，任何一個都市也與其附近的鄉村及市鎮有多少關係，這是因爲它具有向心力及離心力的作用，而影響此種作用的主要是經濟和社會文化等因素。這些皆爲想了解都市、以及想預測和控制或指導都市之發展的人所應該知道的。

附註：

註一：參閱 Otis Dudley Duncan, "Social Organization and the EcosYstem", in *Handbook of Modern Sociology*, edited by Robert E. L. Faris (Chicago: Rand Mcnally and Co., 1964), P.37.

註二：參閱Gist and Fava, *op. cit.*, PP.95~102.

註三：關於討論區位過程的著作相當多，可參考下列幾種：

Breese, *op. cit.*, PP.108~116；Gist and Fava, *op. cit.*, Chs.6--11；R. D. Mckenzie,'' The Scope of Human Ecology''in E. W. Burgess, ed., *The Urban Community* (Chicago：University of Chicago Press, 1926), PP. 172–177.（這是最初有關基本的區位過程之敍述）。

註四：龍冠海著「臺灣五大城市的人口分布狀態」，國立臺灣大學社會學刊第二期（民國五十九年四月十三日）。

註五：See Breese, *op. cit.*, PP.111—112，他建議於隔離之外加上此一概念。

註六：這一段與上段所述多半係根據 Breese 書上的，見註五 PP.112—113.

註七：參閱 Theodore Coplow, ''Urban Structure in France'', in Urbanism, *Urbanization and Change: Comparative Perspectives*, edited by Paul Mceedows and E. H. Mizruchi (Addison—Wesley Publishing Co., 1969)。關於其他國家的，參閱：

J. A. Rex, ''The Sociology of a Zone of Transition'', in *Readings in Urban Sciology*, edited by R. E. Pahl, Pergamon Press, 1968), PP.211—231;

J. Musil, ''The Development of Prague's Ecological Structure'', *ibid*, PP.232--259；

B. J. L. Bury and P. H. Rees. ''The Factorial Ecology of Calcutta'', *American Journal of Sociology* (Vol.74, No.5, Mar. 1969) PP. 445—491；

Susumei Kurasuwa and Ramon Nitagai,' The Structural Theory of Urban Society——*Some*

Remarks on the Conceptual Framework'', *Japanese Sociological Review*, (Vol. 21, No. 2, Sept. 1970).

註八：參閱：E. W. Burgess, ''The Growth of the City'', in R. E. Park and E. W. Burgess, editors, *The City* (1925); Rose Hum Lee, *The City* (J. B. Lippincott Co., 1955), PP.236~240; Gist and Fava, *op. cit.*, PP.108~109.

註九：Clifford Shaw and Henry D. Mckay, *Juvenile Delinquency and Urban Areas* (1942).

註十：R. E. L. Faris and H. W. Dunham, *Mental Disorders in Urban Areas* (1939).

註十一：參閱：Gist and Fava, *op. cit.*, PP. 109–110; Lee, *op. cit.*, PP. 240~241.

註十二：Harris and Ullman, ''The Nature of Cities,'' in P. H. Hatt and A. J. Reiss, Jr., *Cities and Society* (The Free Press, 1961——Third Printing)。

註十三：Gist and Fava, *op. cit.*, P.114.

註十四：參閱（註七）下面所列之文獻。

註十五：孫本文著社會學原理（商務印書館，民國四十一年臺一版），一一五頁。

註十六：孫本文對過去上海的曾列舉若干例子，可供參考，（見上面所列彼著，一一五頁）。

第九章 都市的社會組織

一、都市社會組織的性質

社會組織是一個社會或團體內部互相關係的體系，普通指一個比較大的團體或社會（如部落、鄉村、都市、國家等）裡面的各種制度和附團體之相互關係的整個系統或總體。（註一）

都市可說是一個小型社會（micro-society）或國家（如城邦），也可說是社會或國家的縮影。就組織的立場來看，它比部落、鄉村、或國家，更要具體而周密。任何社會和國家所含有的主要制度和社會團體或結合，一個都市裡差不多全有，並且它們間的交互關係非常顯明，凡是從事研究者時常可以直接觀察得到，而客觀地予以描述或加以證實。在原始部落或鄉村裡，它們大多數還沒有那麼具體化，至多只有其雛形，有的也多連在一起，而沒有完全劃分清楚。譬如，政教合一或醫療與魔術混而不分。而在一般國家內，它們的存在又比較分散，其具體表現則差不多全是集中於它們的大都市裡。故都市的社會組織實可視爲國家的社會組織之代表或縮影。

依社會學上一般的解釋，社會組織包括二個互相依賴、互相爲用、及互相影響的要素，即社會制度和結合（associations）。爲了適應人類生存的基本需要，任何社會裡都有六種基本制度的存在。它們是：家庭制度、經濟制度、政治制度、教育制度、宗教制度、及娛樂制度。隨着這些制度而同時存在的也有六種相當的主要結合或社會團體。若是將結合與制度合而言之，我們便有六種基本社會組織，即：家庭組織、經濟組織、政治組織、教育組織、宗教組織、及娛樂組織。這些制度、結合、或組織，在發展階段不同的各種社會中，當然在其具體表現上也各異。大凡愈原始的社會，它們也愈簡單，並且有的是混爲一體，或一個兼有幾種不同的功能。而愈發展愈文明的社會，它們則愈複雜，愈有區分，也愈特殊化。今僅就現代都市的主要社會組織，從其結構與功能方面，約略分述之於下。

二、現代都市的主要社會組織

㈠家庭組織　在現代文明國家的都市裡，這一種社會組織仍是最普遍和最重要的，蓋絕大多數的都市居民還是過着家庭生活，同時都市的各種設施多少也還是優先考慮到家庭的這一種社會組織。社會學家所作的研究有很多也是以家庭爲對象。不過，自從都市化發展以來，都市的家庭，無論在其結構或功能方面，已經發生了很多變化，有些地方大有異於鄉村的。家庭組織的若干變遷通常與都市化有關的，尤其在西方國家中，大概有以下幾個要點：（註二）

⑴由大家庭制或折中家庭制變爲小家庭制，這在西方國家中幾乎是普遍性的；在東方國家，尤其正在走向都市化的國家中，小家庭制亦日見佔優勢。與此有關的是家庭人數日形減少，當然尚有些家庭的子女人數相當多，可是一般地講，都市家庭人口，因爲都市環境的關係，譬如，經濟的擔負，住宅的擁

擠，結婚子女在外就業者多，及家庭計劃（尤其生育節制）的盛行等因素之影響，普通家庭人口大概介乎三至六人之間。這種情形在各類型的都市裡還有點差異，大概都市愈大，工業化和生活程度愈高的都市，其家庭人口也愈少。

(2)由於社交公開，男女關係及選擇對象完全或有更大的自由，婚姻多趨於自主，夫婦離異的案件也比鄉村及昔日都市的爲多。

(3)家庭分子在家裡及外面所擔任的角色有了很大變化。現在都市不再是男治外，女治內的世界，女的和男的可以一樣在外工作，而工作的地點又多半遠離了家庭，而且於工作之外，男女各別地還可自由參與自己的團體活動。筆者不久之前看到某雜誌上有關東德一個家庭的報導，大致如此：那家有三口（父、母及兒子），父母都在外工作，兒子在校上學，各個回家時，其他分子都不在。父親留下一張條子說：我去聽政治演講去了。母親回來後也留下一張條子說：我去參加婦女會議了。兒子返家後也照樣留下一張條子說：我去參與少年先鋒隊活動去了。這可能代表共產國家的家庭情境。民主國家都市裡的許多家庭，其分子所表演的角色的紛歧，興趣的殊異，以及行爲的個別化也大多類似乎此，其結果顯然表示家庭團結力的衰弱。

(4)家庭權力結構發生了變化，不如過去的那樣堅強，這主要是因爲父母對子女，及夫對妻的約制力日趨衰弱，使子女及妻的行爲有更多的自主及自由。這種情形可能是離婚及少年犯罪案件增加的原因之一。

結構和功能常有密切關係，家庭的功能原來具有多種，包括：生物的、心理的、經濟的、政治的、教育的、娛樂的、及宗教的。但是在現代都市中，這些功能也許除了生物的及心理的多少尚有保存外，大半已經喪失，而由家庭以外的公私立機關團體取而代之。（註三）

㈡政治組織　在一般國家的政治體系中，都市乃是一種地方政府和自治團體。依照中央的規定，或者依照都市自己制定，它有一套組織法規，包括權力的範圍，施政的種類及辦法，各部門的關係模式或系統，公務人員體制，市民的關係與行爲規則——這些便構成它的制度。爲了實施這種制度，便有與其有關的結合或團體，如市政府、市議會、政黨、市民自衛團、消防隊、志願救護隊等等正式的和非正式的組織。

現代都市的政治組織至少有兩個主要特徵或發展趨勢。第一、由於都市化的進展，都市愈來愈大，都市的政治組織也愈形龐大。第二、由於市民日常生活的迫切需要，同時又由於民主政治的發展，市民對市政的參與比昔時日見積極地增加，對地方政府設施的需求也必然爭取。因此，市政的功能日趨擴大，影響到每個市民從懷孕至死亡安葬的事情，像現代許多市政府實施家庭計劃及社會安全政策所顯示的。

㈢經濟組織　營生乃人類生存的一個基本條件；食、衣、住、行爲人類日常生活上的重大需要。爲了圖謀生存，爲了滿足這些需要，人類在其演變過程中，根據嘗試及經驗，便漸漸地發展各種營生方法，作爲大家從事經濟活動時所遵循的行爲規範；這些方法的總體系就叫做經濟制度。譬如，農業、工業、商業各有一套活動方法，自成一體系，若是個別的看，我們稱之爲農業制度、工業制度、及商業制度，個別地也可稱爲特殊的經濟制度。但是它們彼此之間是有互賴關係的，這在經濟活動過程中，像生產、分配、及交易等，特別顯而易見，故綜合而觀之，它們總稱爲經濟制度。爲着實施、促進、及維護這種制度，人們便依照其旨趣，彼此結成各種經濟團體，如農會、工會、商會之類。因爲經濟制度和經濟團體是連在一起的，這樣的整體便被稱爲經濟組織。這種組職隨着人口的增長和工藝發展水準之高低而異。大概人口愈多而工藝也愈發展的社會，經濟組織也愈多而複雜。這種現象在現代都市中特別顯著，差不多每一個都市皆是消費、分配、及交換的中心，有的而且是生產中心。故經濟組織在整個社會組織，尤其都市社會組織中，實佔一個極重要的地位。

㈣教育組織　教育的主要目的是傳授對個人及社會國家有用的知識，並爲社會、國家培養有用的人才。爲達到這樣的目的，古今中外任何國家都制定有一套辦法，即所謂教育體制，如從幼稚園到小學、中學、及大學和研究院之類，區分等級，分門別類，使受教育者依其興趣與需要，按步就班，循次漸進。這種體系總稱爲教育制度。至於教育會、教師會、各種學校及研究所、學生家長會等等，乃是協助推行教育制度之機關團體。教育制度與教育團體之結合總體即稱爲教育組織。在現代國家中，這種組織，尤其高級教育的，多集中於大都市。不過，由於現代都市變遷極爲迅速，同時又由於民主政治的發展和人口的都市化，不但就學的人數日見增加，而且期望或要求升高級學校者亦日衆，而各都市因爲財源的缺乏或其他原因，結果有關當局常感不易應付，至於培養出來的人是否都能成爲社會國家有用或有利之材，那就更無法顧及的了。

㈤宗教組織　宗教在人類發展史上佔一個很重要的地位，也是影響人類生活的一個重大因素。任何一種宗教都有一套崇拜的儀式，爲信奉者大家所必須遵守的行爲模式，這就是它的制度。爲了實行和維護這種制度，有同樣信仰者常結成團體。宗教組織便是宗教制度與宗教團體的結合總體。

在世界各國許多都市中，教堂及寺廟到處可看見；教會或教友們的結合普遍地存在，有些都市甚至幾乎爲某種宗教所壟斷，或因此而有宗教城市之稱，聞名於世。例如：羅馬的梵諦岡、以色列的耶路撒冷、及西藏的拉薩等。然而，比較觀之，在現代世界各國，宗教已發生了很大的變化。譬如，在共產國家裡，它被視爲鴉片或迷信，而被取締或破壞，雖然有些地方尚未完全做到。至於在民主國家裡，它固然尚能繼續繁榮，可是在很多都市內也已變質，而偏向於形式化及商業化。有些宗教組織甚至被共黨或左傾份子所滲透和利用，以實施其陰謀，藉民主、和平、及反戰的口號，從事離間及破壞工作。都市因爲是各種宗教組織的發展地方，同時也是宗教信仰特別複雜而紛亂的地方，這是很值得注意研究的。

㈥娛樂組織　娛樂的主要意思是工作之餘利用休閒以從事有利身心的各種活動。它乃人類的一種基本需要，故也普遍地存在於古今中外的社會裡，縱使有其種類和範圍上的差異。各種娛樂都有其公認的一套行爲規則，有的簡單，有的複雜，各自成一體系，其總體就稱爲娛樂制度。實施這種制度的人員，依其娛樂的種類，多半有其自己的結合或娛樂團體。制度與結合相互連繫，其整個體制就稱爲娛樂組織雖然從歷史上看這種組織並不像上述的那幾種組織那樣嚴密和有永久性。

娛樂組織絕大多數集中於都市，而其範圍之廣狹，種類之多寡以及組織之簡單或複雜，也往往跟著都市之大小而成正比例。事實上，都市對人們有很大的吸引力，主要原因之一，就是因爲有五花八門引人入勝的娛樂機會，這對於一般青年男女尤爲重要。不過，因爲都市的娛樂組織差不多全是商業化的，根本以牟利爲目的。因此，常以迎合大衆心理爲原則，或以低級的娛樂方式作爲號召，其中就難免有危害社會善良風氣的因子存在。譬如，晚近有許多研究和報導，莫不指出不良電影，如色情、打鬥、及偸竊之類的，對少年犯罪乃主要影響因素之一。因此，都市中娛樂組織實在値得特別注意，而應如何使其健全化乃都市行政當局以及關心社會風氣者不能忽視的一個問題。(註四)

除上述六種基本組織外，近代都市中尙發展有三種重要的組織，即社會福利的、醫療衛生的、及大衆傳播的。這些固然可以各自成一體系，但也未嘗不可歸併到上列與其有關的組織裡去；譬如福利及醫療衛生可以包括在政治組織內，大衆傳播可以歸入教育組織內，這裡不必贅述。此外，近代社會學家對都市內其他的特殊組織，如正式與非正式組織或團體，科層制(亦稱官僚制)，及階級組織等，也注意

研究，其所得結果也值得從事都市行政工作者做爲參考。（註五）

三、各種組織的相互關係

社會學家對於社會的研究所得的一個主要原理，即：社會是一個整體，其中各部份是相互關係的，這含有彼此互賴、交互影響、及互相補充的作用。此一原理應用於都市社會的組織更爲顯而易見，蓋上面所述的任何一種組織與其他的莫不有其關係。譬如，家庭組織可以受政治、經濟、教育、宗教、娛樂等的影響；又如政治組織必須借助其他組織的支援才能存在。其餘依此類推，恕不一一詳述。依此以觀，從事都市社會改良工作者對都市必須有整個的看法，也必須注意到它部份的關係，不宜專門注意於某一部份，而完全忽略其他有關部份，雖然其問題之嚴重性可有先後之別，以致造成頭痛醫頭，脚痛醫脚的偏差毛病，或引起文化失調的現象。

附註：

註一：參閱龍冠海著社會學（見前），八五至八七頁，引有各家對社會組織所下的界說。

註二：參考 Gist and Fava, *op. cit.*, PP.365–366; Alvin Boskoff, *The Sociology of Urban Regions* (New York: Appleton–Century–Crofts, 1962), Ch.8.

註三：Gist and Fava, *ibid*, PP.368–369; E.W.Burgens and H.G.Locke, *The Family*(American Book

Co.,1960, second edition); William J.Goode, *The Family* (Prentice-Hull, 1964); Albert R.O'Hara, "Some Indications of Changes in Functions of the Family in China"(臺灣大學社會學刊，第三期，民國五十六年四月十五日)——作者根據中國大學生的調查，發現他們家庭功能有些已喪失，而有些則還保存着。

註四：參閱 Gist and Fava, *op. cit.*, Ch.18，作者在本章內對於閒暇與都市生活之關係有較詳細的討論。

註五：參閱 Gist and Fava, *op. cit.*, Chs. 13, 15 & 17.

第十章　都市社會問題

一、都市社會問題的性質與種類

未講到都市社會問題之前，我們先應了解何謂社會問題。根據一般社會學家的見解，社會問題是人類社會中所發生的某種情境，其影響足以危害社會全體或一部分人的福利或生活安全，因而引起人們的注意，認爲需要採取集體行動，予以對付或改善的。（註一）

如果從其在人類社會中存在的情形來看，社會問題至少具有下述四個特性。（註二）

㈠普遍性　社會問題可以說是與人類社會並存的。除了人們空想的烏托邦外，古今中外的實際社會沒有那一個是沒有問題的，只是問題的種類和嚴重性稍有不同而已。因爲任何社會都有其問題存在，這一種現象我們便稱之爲普遍性。明白了這一點，我們就應該面對現實，視社會問題爲人類社會的自然或必然產物，而設法去了解它們，應付它們，或解決它們。但是這裡所謂解決，並非說把社會中所有的問題全都消滅了；這是不可能的，因爲某一個或某一些問題縱使被消除了，其他的可能還存在或者又要跟着產生，因爲社會本身並非完全固定或平穩的，而是時常在變遷之中，只是變遷的速度可能有快慢不同罷了，而有變遷就會產生問題。

㈡時間性　雖然所有人類社會都有多少問題存在，可是古今社會的問題並非完全一樣。例如，我國滿清時代的社會問題和中華民國建立了以後的不同；共匪佔據大陸之前的和現在的也不同。這都是有目共睹的事實，不必贅述。因爲社會問題有這個特性，我們如果以古人對付他們的問題方法依樣葫蘆，來對付我們現在的，那就不一定對了，甚至成爲方枘圓鑿，愈弄愈糟。故時代變遷，社會問題自然隨着變遷，而用以解決它們的方法也必須因時制宜，改絃易轍，才能有助於問題的解決。

㈢空間性　雖然不同地方的社會都有其社會問題，可是各個社會的問題並不一定完全相同，這可稱爲社會問題的空間性。例如，美國的或蘇聯的社會問題和我國的不同；又如臺灣山地的和平地的也不同。因此，若是將甲社會應付其問題的觀點和辦法完全抄襲來應付乙地的，必致南轅北轍，甚至鬧出大亂子，遺患無窮。清朝末年及民國初期政府當局應付我國許多社會問題的觀點與方法就是因爲完全抄襲外國的，故問題始終未獲解決。（註三）再看共匪佔據大陸後完全採取蘇聯的辦法和馬克思及列寧的理論來對付中國的問題，其結果不但愈治愈亂，而且問題愈來愈多，也愈來愈嚴重，造成全國人民流離失所，哀鴻遍野，人人日夜處於恐怖狀態之中。這都是因爲他們不了解社會問題的空間性所致。

㈣複雜性　每一個社會問題，如加以分析，都不是一個單純的現象。它的存在並非孤立的，而是與別的現象或問題有關，有其原因，也有其結果。這即社會問題的複雜性。就其原因講，差不多每一個社會問題都是由多種因素所造成的。譬如貧窮，它可以有個人的、社會的、及地理的原因；又如戰爭，它可以有政治的、經濟的、心理的、及人口等原因。這種情形普通被稱爲社會問題的多元性，在社會學裡，這一點已經成爲定論。社會問題不僅是多因的，同時也是多果的。又以貧窮問題爲例，它可以影響個人營養不良、疾病、高的死亡率、及犯罪等；戰爭也同樣的可以造成這些問題。有的問題，像貧窮，可影響一連串其他的問題，且又可以再使它本身加劇，這種現象通常叫做社會問題的惡性循環。此外，凡是一個大的社會問題往往包含有若干其他問題在內。例如，人口問題之下，可有高出生率、高死亡率、墮胎、殺嬰、及移民等問題。這樣的情形，有時被稱爲社會問題的重叠性。

社會問題的複雜性，除了上述那些現象之外，更爲顯著的是互相聯繫和互相影響。往往一個問題存在，而同時也有其他問題存在。例如貧民窟，和其並存的有住宅擁擠、高死亡率、高犯罪率、娼妓、以及破裂家庭等問題；而住宅擁擠又與貧窮，高的傳染病率，或高的死亡率有關。又如疾病可能影響失業，而失業也可能影響疾病；心理變態可以影響家庭的不快樂，而不快樂的家庭，也可以造成心理病態。

若是明瞭了社會問題如此的複雜性，我們便可以避免一元說或偏論（particularism）的錯誤，不再以一個因素來解釋所有的社會問題，更可避免採取頭痛醫頭，脚痛醫脚的辦法，而着重多方面的事實，綜合的探討，協調的步驟，和全面的對付方法。如此，社會問題才能希望獲得比較合理的對策。

美國已故人文區位學家麥堅西（McKenzie）在其名著「都會社區」一書中曾對社會問題與社會變遷之關係作以下之陳述：

現代社會生活是密切地連繫成一體，任何方面的變遷多少都能影響其他方面。社會問題大半起自社會生活發生迅速變遷方面對比較穩定方面作無計劃的反應。試舉幾個例子：工業技術的變遷對就業有反應作用，成人工作性質的變遷影響教育的需要，國際關係的變遷影響國內的政治，移民政策的變遷影響人口的增長和國內產品的需求，消費習慣的變遷影響閒暇及享用閒暇的設備之需求，對政府機關社會服務需求的變遷影響稅捐和公債，傳播方法的變遷使城鄉生活方式趨於標準化。上列例子之影響依其順次又造成別的變遷，如此繼續到無止境。

通常的辦法是一時集中注意力於一個社會問題，這常使我們忽視這些複雜的關係。即使我們對一個問題找到似乎令人滿意的解答，我們應用該解答時卻很可能產生新的問題。因此，對於同時發生的許多社會問題，我們需要有精詳的調查，注意到它們對彼此的反應作用。（註四）

社會問題的一般性質已如上述，至於都市社會問題，就其範圍言，可有廣義和狹義兩種看法。依廣義講，凡是都市社會中發生足以危害全體或部份市民之安全或對其生活有不利之影響的任何情況，皆可稱爲都市社會問題。美國社會學家歐淡（Howard W. Odum）在其所著「了解社會」（*Understanding Society*, 1947）一書內，曾指出每一大都市，除了人類共有的生存問題和食料、安全、住宅及衞生之外，皆有其特殊問題。例如：市政問題，包括財政政策及租稅，都市工程，設計及分區；運輸問題；安全問題和犯罪、災害、及交通之類；衞生問題，如傳染病、水的供應、及住宅等；公共福利問題；教育問題；娛樂問題；家庭生活及兒童問題；個人的孤立問題；都市文化對市民之約制問題；以及都市生活之過度刺激與緊張問題等。這些，歐淡皆列爲都市社會問題（參閱該書321—322頁）。這雖然不能視爲一個最好的、標準化的或詳盡的都市社會問題分類法，然而它至少可代表一種觀點，即都市社會問題的廣義看法。

不過，通常所謂都市社會問題卻是狹義的，多半專指某些所謂「社會病態」，如犯罪、賣淫、貧窮、自殺、離婚等等。例如，安德生與林德曼合著的「都市社會學」（Anderson and Lindeman, *Urban Sociology*, 1928——這是美國出版的第一本都市社會學教科書）第十五章標題爲「都市社會病態」，所論列的社會問題或病態有貧窮、老年、心理缺陷、犯罪、無家者、都市社會衝突、及病態的移民等。柏芝爾（E. E. Bergel）在其「都市社會學」（*Urban Sociology*, 1955——這也是一本有名的都市社會學課本）第九編標題也是叫做「社會病態」，包括三章，分別討論死亡與疾病；邪惡、犯罪與政治腐敗，以及貧民窟。但是，其他的都市社會學者及避免用社會病態一詞，而採用都市社會問題，或改組，或反常（Deviation）等名稱。例如 Rose Hum Lee 在其所著「都市」（*The City*, 1955）第六編標題爲「都市社會問題」，其下面所討論的有：貧民窟、邪惡、住宅問題、個人與社會解組（包括：犯罪、心理錯亂、家庭解組、酒精中毒、私生子、毒癖、及賣淫等。又如，季斯特與霍爾拔合著的「都市社會」（Gist and Halbert, *Urban Society*, 1933）第十四章標題爲「都市與其失調」，所論列的問題包括犯罪、賣淫、自殺、私生子、無家者、老年、貧窮、女工與童工、災害、精神病、花柳病、及其他疾病等。

後來該書改由季斯特與法巴合編，其討論都市社會問題卻與先前的頗有差異；作者在第十九章用「都市中個人組織與解組」的標題，其中所討論的問題包括：精神病、犯罪與少年犯罪、自殺、及性的反常等。至於其他社會問題，如家庭、閒暇利用、及住宅等則分別在其有關各章中論述之。

依上述，我們知道各家對都市社會問題不但沒有一致的分類法，而且對其名稱也有不大相同的看法，一般都是按照當時存在於都市的重要問題，而用列舉的方法逐一提出討論。這大概是因爲社會問題有其複雜性和聯繫性，同時又有其空間性和時間性，不大容易作一確定的或劃一的分類，故各書中所列舉的也頗有出入。就其界說而言，因爲廣義的解釋與社會問題的普通定義比較符合，本章也以此爲依據；但又因爲問題太多，而各國都市所發生的也頗有差異，實無法枚舉。這裡只能將現代一般都市裡比較常見而被視爲特別嚴重的問題先爲列舉出來，然後僅以貧窮問題，從社會學的觀點，作一分析，以爲範例。

目前大家認爲特別嚴重的都市社會問題大致有這幾個：(1)都市人口爆炸問題（這在前面人口都市化一章內已經詳述），這可說是許多其他都市問題的來源；(2)貧窮問題；(3)住宅問題；(4)犯罪問題，尤其少年犯罪問題；及(5)環境汚染問題。這些問題每一個都很重大而複雜，不是任何一個人在短時期內所能完全了解或應付，故筆者在這裡也不能逐一予以討論，而僅就貧窮問題爲例言之。

二、貧窮問題

貧窮係指一個人因爲生計的缺乏，不能依照他的社會裡一般生活必需的最低水準，維持他自己的與自然地或合法地依賴他者的健康之一種生活狀態。它是一個相對名詞，因爲在甲社會中某一團體或個人視爲貧窮，但在乙社會中則未必視爲貧窮。因此，貧窮的界限平常不大容易決定。要想決定一社會的貧窮標準，必須研究該社會中各階層的消費數量與內容。社會問題專家普通將生活水準分爲下列數種：

㈠貧窮水準　在此種狀態之下，維持生命的費用甚至不能自給，而須依賴別人救助。

㈡最低生活水準　僅能供應生存的必需，而不能有其他的人生享受。

㈢健康及舒適水準　除了物質生活的必需外，尙能得到教育及娛樂等享受。

㈣奢侈水準　除了健康及舒適水準所能有的享受外，尙能有其他各種奢侈物質的或精神的享受。

根據美國的生活水準，依一九六四年詹森總統經濟委員會的報告，一個家庭每年收入在三千美元（但一九六二年的另一報導卻是四千美元）以下的即屬貧戶，按此計算全國約有五分之一的人是貧窮的。這種人口大概多數是住在都市裡。因爲這個問題的嚴重性，故詹森總統提出向貧窮作戰的口號。（註五）美國在一般人心目中乃是世界上最富裕的國家，然而其貧窮人口尙有如此之多，其他經濟落後而人口衆多的國家可想而知。不過因爲美國人的生活標準高，而物價又貴，實不能和別的國家作比較。譬如，在我國，一個普通家庭每年若有三千美元的收入，差不多可以算是小康之家了。

就一般情形來看，我國大多數人民可說都是在貧窮線上下生活的，只有極少數可稱是富裕的。臺灣光復之後，由於經濟發展和社會安定而走向繁榮，一般人的生活算是改進多了。然而貧窮問題還是有其存在，故政府歷年來也在設法向貧窮作戰。政府對於貧戶所訂的標準「係以全家總人口與工作能力人數之比率及全家總收入與最低生活費用支出為準據」，而將貧戶分為三級如下：（註六）

一級貧戶：全家人口均無工作能力，且無恒產，亦無收益，非靠救濟無法生活者。

二級貧戶：全家人口中有工作能力者未超過總人數四分之一，而其家庭總收入未超過全家最低費用二分之一者。

三級貧戶：全家人口中有工作能力者未超過總人數三分之一，而其家庭總收入未超過全家最低生活費用三分之二者。

近幾年來（自民國五十五年起），臺灣省政府社會處及臺北市政府社會局每年都舉辦貧戶複查，以校正貧戶確定數目，依照上列三級分類，作為眞正救濟對象。根據民國五十七年的調查，該年五大城市的貧民數如下表所示：（註七）

市別	貧民數	占全市總人口‰
臺北市	四四、八七七	二八・一〇

基隆市	一〇、五八〇	三五・一二
臺中市	一〇、八〇九	二六・六九
臺南市	一四、九五九	三四・一九
高雄市	一〇、八九六	一五・六三

這種統計數字不一定完全正確，就是正確，所訂的貧戶標準也未見得完全合乎事實。換言之，所訂標準似乎太低，因此各都市中的貧戶數可能不止上列數字所示者。無論如何，貧窮在各都市裡仍是一個主要問題，這至少可由政府對它特別關心和積極採取行動方面看得出來。

都市貧窮問題發生的原因非常多而複雜，大致可分爲個人的、社會的、及自然環境的三種。就個人言，無教育、缺少專門技能、身心缺陷、懶惰、玷染惡習（如賭博及酗酒之類）、疾病、生育過多、入款低、失業及犯罪等等，皆可陷個人於貧窮。就社會言，譬如，社會風氣尙奢侈，經濟制度有缺點，如財富分配過於不均、生産工具爲少數人所壟斷、物價高漲、商業不景氣、工廠災害等等；政治腐敗、貪污、重稅、人口過剩、內亂與戰爭等，這些也是影響貧窮的主要因素。就自然環境言，如風災、水災、或地震之類，也可能使市民陷於長期貧窮的狀態。

貧窮的影響當然也是多方面的。它對於個人可以影響營養不良，不能受教育，疾病，體力衰弱，道德墮落，灰心喪志，仇恨心理，犯罪行爲，或自殺。對於家庭可影響其分子發生衝突，離婚或遺棄（西方有人稱遺棄爲窮人的離婚）、墮胎、殺嬰、子女營養不良及缺少教育機會，如此又可以影響他們的前途，而且可能使他們將來也被捲入貧窮的漩渦或導致貧窮的惡性循環。對於社會，它可以造成都市貧民窟及違章建築、增加犯罪與賣淫、提高死亡率（尤其嬰兒死亡率）、降低民族品質、加重社會負擔，影響政治貪污、甚至釀成內亂或革命。

都市貧窮問題的嚴重性已如上述。其對策又是什麼呢？約略言之，普通有兩種辦法：一是消極的，亦稱爲治標的；一是積極的，亦稱爲治本的。前一種着重在貧窮者的臨時救濟與安置，或賜以現款，或施以實物（如衣服與食品之類），或以工代賑，或將其安置於貧民收容所。至於積極的辦法則着重於預防，想法使貧民有自尊感和自助的精神，以期能獨立謀生。這大半有賴乎政府實施救助及輔導貧民的政策，並獲得社會人士的援助。譬如，改良都市環境、剷除貪污、發展工商業、增加生產機會、實施都市計劃、取締貧民窟、促進個人與公共衛生、普及並提高市民教育、注重專門技能之訓練、輔導市民就業、提倡健全娛樂、實施家庭計劃、保護勞工、促進勞資合作，更重要的是實施社會安全政策。比較觀之，消極的辦法只能應用於暫時性的貧窮救助，而積極的辦法則有助於這個問題的長遠的和大規模的合理解決或者至少減輕其嚴重性。

三、結語

從社會學的立場來觀察都市，它是一個區位體系，一個有組織的社區，或一個完整的社會有機體；它的各部分是互相依賴和互相影響的。因此，它的某部分要是發生問題，其他部分也必然受其影響；要想對某部分予以控制，則對其餘部分也必須加以考慮或作適當的調整，否則顧此失彼，問題仍然存在，或者甚至更趨嚴重，對付人口都市化及貧窮等問題應有此認識，對付其他問題如住宅、犯罪、環境汚染、或任何其他問題也應作如是觀。社會學家或都市社會學家對於所有的都市社會問題並非全都有廣泛和深入的研究，也不能負責來解決它們；他只能依自己研究所得並參考別人的的，而提供一般性的原理法則，作爲對某些問題之比較合理解決的依據。他所最關心的是團體及個人之福利，其他皆視爲次要的或只是達到此目標的工具或手段而已。

附註：

註一：參閱龍冠海著社會學（見前），第十三章；Paul B. Horton and Gerald R. Leslie, *The Sociology of Social Problems*（New York：Appleton—Century—Crofts, Third Edition, 1965）, P.4.

註二：參閱上列龍冠海著，三五三至三五五頁。

註三：參閱蔣夢麟著西潮，一〇三至一〇五頁，指出中國於民國初年抄襲西洋憲法所以失敗的原因。

註四：R. D. McKenzic, *The Metropolitan Community*（N. Y. : Russell and Russell, 1967 ; First Published in 1933）PP. V—VI.

註五：參閱白秀雄著『對詹森「大社會」與「撲滅貧窮」之我見』（社會建設創刊號，民國五十八年四月）；王維林著「貧窮的性質（並論美國向貧窮作戰）」（同上，第二號，民國五十八年七月）。

註六：臺北市政府社會局：「臺北市貧戶概況調查」，（社會建設第三號，民國五十八年十月）一四四頁。

註七：臺北市的見上，一四五頁；其他四市的見臺灣省政府社會處編「消除貧窮研究報告」（民國五十七年），表廿七及廿八。

第十一章　都市計劃與都市發展

一、都市計劃的意義與範圍

都市計劃（city or urban planning——或譯都市設計）是社會設計（social planning）的一種。社會設計意指制定關於社會團體與資源之將來運用的方案。它的主要作用是應付社會需要。依此言之，都市計劃是爲適應都市居民在目前及將來的需要，使其有較好之物資的和社會文化的生活環境。它可區別爲許多方式和階層，並應用許多特殊的設計技術。譬如，依都市社區的範圍來講，可分爲這幾種：(1)鎮集計劃（town planning——有時此名詞與都市計劃交換用，如果應用於古代的城市，這未嘗不可，但到了現代，它與都市計劃是應該有區別的）；(2)都市計劃(普通用來包括各種都市社區的計劃)；(3)鄰里計劃(neighborhood planning——即都市內有比較密切關係的一個市區的計劃，社會工作中所講的社區組織，或現今各國所提倡的都市社區發展或都市更新，多半是以這樣的市區爲範圍)；(4)郊區計劃(suburban community planning)；(5)都會計劃（metropolitan planning）；(6)大都會計劃（megalopolitan or conurbation planning）或都會區域計劃(metropolitan regional planning)。

有的都市計劃是由政府機關負責實施，有的是由市民團體負責實施。有的都市計劃限於都市社區生活的某一方面，有的則範圍廣泛，包括全社區。有時都市計劃是屬於矯正性的，有時屬於重建性的，有時屬於預防性的，還有時則着重於整個社區結構的建設。有的計劃是爲都市土地利用而作的，有的則爲都市社區的人力及機關資源而作的。（註一）

由上述可知所謂都市計劃在其範圍及目標等方面實各有所指，不能一概而論。不過有一點可以確定的，這就是它的實施範圍主要是以都市地區爲限，有別於鄉村計劃；其目的是爲適應目前及將來都市居民的生活需要。

二、都市計劃的發展趨勢

從歷史上看，自古以來，所有都市多少總是有計劃的，縱使不是整個的，至少也是部份的，這可以從各地區發掘出來的古城遺跡看出來。不過現代都市計劃的發展而成爲一種社會運動卻是在十九世紀下半期開始於西歐洲。迄本世紀，特別在第二次世界大戰之後，由於世界各國工業化及人口都市化的進展，它乃更趨於重要而普及。現在世界上沒有那一個國家不實施都市計劃的。不過，若是把過去的和現代的都市計劃來作一比較，從其着重點方面看，傳統的都市計劃，由於都市工程學家的影響，幾乎完全偏重於物質環境的因素，如街道的佈置，建築物的安排，土地的用途，交通運輸及下水道系統的設計，以及公共場所的設立等等。到了晚近，由於社會科學家的提倡，乃漸漸注意到社會文化設施的重要性，許多社會科學家，如美國市政學家孟祿（W.B.Munro）及都市學家孟福（L.Mumford)等，甚至認爲都市的社會建設比其物質建設尤為重要；又如英國古特金氏（E.A.Gutkind）也強調都市計劃應注重創造有利於居民各種日常生活的環境。（註二）

三、都市計劃的要素

因為都市居民的日常生活需要是多而複雜的，一個都市或都會地區的周詳計劃也必須包括多種要素。第一是人與物的流通；任何一個都市計劃必須首先考慮到交通運輸方面的情形，如街道的系統，飛機場，以及交通的管制等。第二是有秩序的土地利用，包括：⑴劃區的系統，即將商、工業與住宅的土地用途分開；及⑵公私建築物的設計、處置、和營造的管制。第三是都市社區的文化、教育、及社會生活的設計，通常包括市政或社區中心、公立圖書館、學校、以及公園和娛樂等設備。第四是都市社區衛生及物質的需要，包括民防、廢物的處置、醫院、煤烟的取締、以及公用事業，如煤氣和水電等設計。第五是都市重建的規定，如貧民窟的掃除，障礙物的取締及預防措施，以及公共和私人住宅的安排等。第六是為當地隣里便利的設施預作準備，這也是一個周詳的計劃所常有，尤其牽涉到大規模的住宅計劃或新的社區的。此外，一個大都市或都會的計劃尚須考慮到它本身與其附庸或周圍的城鎮及鄉區的關係。（註三）

從都市社會學的立場來講，上述諸要素之中特別值得強調的是第三個，即都市社區的文化、教育、及社會生活的設計，這是前節已經提及的，茲引述前舉孟福氏的一段話以爲佐證：

「社會的事實是主要的，至於一個都市的物質組織，它的工業與商場，和它的交通路線，必須用來補助它的社會需要。前世紀內，都市的發展，我們是不顧利害地去擴充物質的設備，而把基本的社會細胞核——政府、教育與社會服務的機關置之腦後。現在我們必須把社會的細胞核視爲任何健全的都市計劃中的基本要素。例如學校、圖書館、戲院、社區中心等的佈置與其互相關係，乃決定都市隣里的範圍和計劃一個完整的都市之第一步工作。」（註四）

四、社會調查對都市計劃及都市發展之關係

都市計劃乃是都市發展的藍圖或指南。依此，發展的範圍和方向便可按步就班去實施。可是，在計劃和發展之前尚有一項工作是不能缺少的，這就是社會調查。任何都市計劃，如要求其實現，必不能憑空杜撰，而必須有事實的根據。譬如，要想爲一都市提出發展的計劃，則必須先明瞭它的過去，現狀與其未來發展的可能性；這些便包括它的地理形勢、自然資源、人口的增長來源及趨勢，現有的優點和缺點，它與其附近地區的關係等等。這類事實的知識不能從空想、推側、或書本上得來，而必須脚踏實地去作社會調查或實地考察，然後以此爲依據，製成計劃，才能合乎實際需要，否則等於畫餅充飢，或紙上談兵。

五、都市發展的範圍與功用

根據聯合國出版的「住宅與都市發展之社會方面」一書中的解釋，「都市發展是都市建設與重建之過程：貧民窟的清除和再發展；貧窟民的改進與違建市鎮的更新；衛星城市的建立；都市有計劃的發展以及新城的創造。」（註五）依此觀之，都市發展一詞含義相當複雜，所指範圍也可大可小，從原有都市部分的改進及整個的擴展到新城市的創造，皆包括在內。由筆者管見，這個名詞的含義，其實可以簡化，分爲二大方面。一方面指原有都市社區的改進和擴展，包括貧民窟的清除和再發展以及都市更新，與整個都市有計劃的發展，這種種情形可以用「都市改造」一詞來代表之。另一方面指新城市的建設，包括衛星城市的建立和新城的創造。無論是那一方面，近幾十年來，尤其自世界第二次大戰之後，世界各國都有很多實例可供參考。第一類的例子以英、美、印度、巴基斯坦、日本、荷蘭、及加拿大等國家發生的比較顯著，自由中國也可算在內。第二類的例子則見於英、美、以色列、蘇聯、巴西、及日本等國家比較多。（註六）

關於各國都市發展的實際情形，筆者因爲時間限制，這裡恕不能詳述。但無論是何種都市發展，就都市社會學的觀點看來，有若干普通原則和方法是値得加以注意及採用的，玆簡單陳述之於下：

㈠對從事發展的都市社區之有關各種基本事實必須有充分的了解，爲此，對它必須先下手調查研究。

㈡對當地社區的居民，尤其與都市發展計劃有關的，應設法使其了解計劃之目的，並且盡可能讓其參與發展計劃的工作。

㈢人口的因素關係非常重大，制定發展計劃者應特別注意到它的結構與變遷情形，以便設法調整、疏導、或節制。

㈣任何都市社區皆佔有一個空間，故它與地理環境之關係十分密切，可以直接影響它的區位結構，同時也可以間接影響到社區組成份子的關係。此外，都市社區與自然環境常處於失調狀態之下，這對於人類生存不見得有利，如晚近人文區位學家所提示的，故在計劃發展的過程中，應設法使兩者盡可能獲得協調或和諧，保存自然對人類之優良影響，像現在所發生的環境汚染問題就是人損毀自然之結果。

㈤都市的內在組織，包括制度與團體，各部分是有密切關係的，計劃發展時固然可依其急切程度區別先後，但絕不宜完全顧此而失彼。譬如，專注重經濟發展而忽略社會發展，這乃一大錯誤。

㈥任何都市社區至少應有一社會服務中心，使大衆能有共同的活動場所，有比較親密的互助或集體行爲，以養成或發揮其同類意識或「我們」的感覺。因此，服務或活動中心的設立，如孟福氏所說的，在都市計劃中非常重要，對於都市生活的健全發展也是必要而且可有其重大貢獻的。

要是能依照上述原則與方法去做，都市計劃與都市發展也許可以做到如亞里斯多德所說的：「人們

集合到都市裡來以便生活。他們留在一塊兒以便過着好的生活。」（註七）

附註：

註一：參閱"Social Planning", in *International Encyclopaedia of the Social Sciences*, Vol. 12, PP. 125—153; Gist and Fava, *op. cit.*, P.574.

註二：參閱龍冠海著「社會學與社會問題論叢」（正中書局，民國五十三年），第二八六頁。

註三：根據 Gist and Fava, *op. cit.*, PP.577－578.

註四：Lewis Mumford, *The Culture of Cities*（Harcourt, Brace and Company, 1938）, P.482.

註五：United Nations, *Social Aspects of Housing and Urban Development*, 1967, P.1.

註六：參閱註五及 Gist and Fava, *op. cit.*, Ch.25.

註七：參閱 Mumford, *op. cit.*, P.492.

第十二章　都市社會學在中國之展望

一、中國都市在世界史上的地位

依照現有的考古證據來看，世界上最早的都市是起源於紀元前三千五百年左右，在美索不達米亞一帶（即亞洲西南部底格里斯與幼發拉底兩河之間的地區），至於中國的則比較晚些，大概在紀元前二千二百年之後。近代我國考古學家在河南安陽縣小屯村發現的殷墟，即殷代都城中心，係建立於紀元前十四世紀，這乃我們現在所知道最早的一個。雖然我國都市的起源比較美索不達米亞、埃及、印度等地區的爲晚，然而，從現今世界上所有國家的歷史上來看，卻沒有其他任何國家像中國有那樣延綿不斷的歷史，自然也就包括其都市發展史。大約從商朝起，一直到近代，每個朝代都有新的城市建立，當然同時也有些舊的城市被破壞或毀廢。根據一個報導，紀元前二二〇五至一一二〇年間，建有一六三個有城牆的城市；一一二一至二二一年間，有五八五個堡壘城市；紀元前二二二至紀元後二二〇年間，有五四〇個城市，另外有新建的四六九個；二二一至九五九年間，有三五〇個以上的新建城市；九六〇至一六四四年間，新建的又有四一一個。（註一）從清朝起至現在，全中國究竟又建立了多少新城市，該報導卻未列舉有統計數字。又關於它所列舉如上的數字是否完全可靠以及所謂城市究竟是屬於那一種類型？我們皆無法知道。但無論如何，從歷史上來觀察，中國有好些城市先後繼續存在至少已有一千多年。例如

：長安、洛陽、揚州、蘇州、杭州、泉州、成都、廣州等，且其中有的，像唐朝的長安及南宋的杭州，與同一時期世界其他國家者相比，其發達情形實無匹敵。故整個言之，中國都市在全世界史上實具有最顯著與最值得大書特書的地位。

二、中國都市在本國史上的地位

中國自古以來以農立國，農業爲民生所繫，農村在整個國境內占最廣大的面積，農民自然亦占全國人口的絕大多數。但是，約自春秋戰國時候起，由於生齒日繁，農業日漸發達，都市的建立亦隨之而增加和繁榮，成爲政治、軍事或商業中心。大概起初的都市大半爲政治中心和軍事中心，後來商業都市乃漸趨發達，到了現代更爲顯然。總而言之，都市在本國史上，尤其社會文化方面，隨着時代的發展而日形重要。茲從政治、軍事、工商業、教育文化、及國際關係諸方面分別約略言之。

從政治方面來看，最初的都市，前已提及，大半爲政治中心，因爲國家的建立需要有統治的中樞或政府，以資管理其境內事務或衆人之事，並同時代表其國家人民以對外。其首長居留地便成爲首都。又因爲國境廣闊，非一人或一中樞所能管制和防守，必需分派其附屬人員在各轄區代爲治理，像郡縣，其駐守地亦即成爲都市。任何都市行政的體制皆爲國家政治組織的一部分，其得失亦與整個有密切關係。

從軍事方面來看，古代都市多半同時並爲要塞，駐紮有軍隊及巡察之官，用以維持社會秩序及防止叛亂，同時亦用以抵禦外寇。若無此功能，不但都市本身難保，國家或政府亦將被摧毀。縱觀歷代無論是反叛者的興起或外敵的入侵，莫不以侵佔都城為主要鵠的。此一鵠的一旦達到，原有政府便被推翻，若是侵佔者為外敵，原有國家就難保存。無論是內亂或外患，對於我國都市的變遷，莫不有重大之影響。這種變遷在我國整個歷史演變的過程中實構成重要的一環。

從工商業方面來看，都市常為其集中地。工商業，尤其商業，在都市發展史上，是彼此互相依賴及共生共榮的。試觀史記貨殖列傳所述之都會莫不是四方貨物集中交易和商賈來往聚會的中心。又如洛伽藍記所載，北魏時有名的洛陽市，分為十里，「凡此十里，多工商貨殖之民，千金比屋，層樓對出。」(註二)至於後來，特別自從與外國有交通之後，我國都市的工商業更加日見發達，其中尤以廣州、杭州、揚州、寧波、溫州、泉州、厦門、上海、天津、青島、漢口等為著名。若將這些都市在我國歷史上除去，我國的工商業所能見到的必然無幾，同時我國的經濟發展史因此亦必須重新寫過。反而觀之，若是無工商業的發展，這些都市在我國歷史上恐怕亦不易有其地位。要之，許多都市與工商業乃是共存共榮的。

從教育文化方面來看，自有史以來，任何國家的莫不集中於都市，同時亦莫不以都市為傳播中心，我國的當然亦不例外。蓋都市乃統治階級及商人薈萃之處，財富充裕，故亦為書院、學校、及寺廟等建築臨立之地，文人學士亦多聚居於斯。例如，春秋戰國時代，各種學派，無論是儒、墨、法、縱橫、及陰陽家等，莫不遊歷於各都會之間，以宣揚其學說，由此而傳之四方。古代的都市有此作用，後代的亦莫不然，若是無都市的建立及發展，我國的教育文化制度是否能够創造出來而又遺傳下來，這是很値得懷疑的。又如果我們歷代祖宗所建立的都市沒有經過天然及人爲的災害，全都能完整地保留着，我國的文化遺業又將如何的豐富輝煌，這大槪是可以想像得到的。

最後從國際關係或外交方面來看，任何國家的都市，尤其政治首都及交通運輸便利之都邑，往往是異邦使者、商賈、遊客、及傳教士等來往聚集之地。例如，北魏時的洛陽，隋唐時的長安，唐宋元明各朝代的廣州和泉州，以及宋元時代的杭州等，皆爲我國歷史上有外國商賈遊客雲集的著名都市，而唐之長安且爲外國使者及留學生集居之都會。於是，中華文化多以此爲媒介而傳之他邦，同時外國若干文物亦借此而流入本土。故從國際關係，尤其文化交流方面觀之，我國若干主要都市的地位實在不能忽視。

三、中國都市的社會科學觀

我國都市在世界史上及本國史上所佔地位之重要已如上述。但目前我們已走進社會科學時代，若是從這種科學的觀點來看我國的都市，我們又能看見些什麼呢？或者我們已經知道的又有多少呢？對於這樣的問題恐怕還沒有人能够回答。何故？因爲從來沒有人對我們的都市做過詳細而確實的報導或研究。據我國歷史學家梁啓超說：

「中國都市向隸屬於國家行政之下，其特載可徵者希焉。現存之書，若三輔黃圖、長安志、東京夢華錄、夢粱錄、武林舊事、春明夢餘錄、日下舊聞等，其間可寶之史料雖甚多，然大率詳於風俗，略於制度，其所記述又限於首都。至於兩京三都諸賦，則純屬文學作品，足資取材者益少。」（註三）

雖然我國都市的起源及發展至少已有三千多年，都市數目至少也以百計，然而可取之有關材料卻是如此之少，難怪我們無法窺見其全貌，或明白其眞象。故從社會科學的立場來講，關於我國都市的知識，我們非常缺乏。換言之，我國都市不論是古代的或近代的，還沒有人提供詳盡可靠的資料，合乎社會科學的用途，使人們對中國都市能有眞正的認識。這實在是我們知識中的一大缺陷。在社會科學未被介紹到中國來之前，這種情形倒是情有可原；但是近幾十年來，現代教育制度早已建立，大專院校相繼創辦，除自然科學外，人文社會科學皆在提倡和講授，而且國家設立有中央研究院，底下附設有各種研究所，有的大學也設有都市計劃研究所，可是到目前爲止，我們還找不到那裡有特別注意研究我國都市社會的。過去在大陸，鄉村的研究倒是很多，而都市的則屈指可數，所有的也不過是零碎的或片面的都市現象之考察，而整個的或全盤的則一不可得。現在臺灣的情形雖然比較稍爲好些，但整個看來，還是遠不如日本及印度，當然更比不上英美。簡言之，我們一直在忽略我國都市的實地調查與研究，雖然都市對我們的生活以及國家民族的前途之關係日形密切和重要。由於這方面的忽略，任何人，尤其社會科學家，凡是講到中國都市時，常會感覺到文獻不足徵或缺乏事實資料爲依據之困惑。換句話說，我國都市對現代社會科學，不論是關於政治、經濟、社會、或任何其他方面，尙不能有何貢獻，即不能提供充分可靠的資料。今後要想補救這一缺陷，除了對我國都市作廣泛而深入的研究外，恐怕沒有其他辦法。而這種研究工作，在現有的各種學科當中，大概以都市社會學最爲相宜，因爲它除了探究一般都市的共同現象外，還特別注意到個別都市的內在及外在關係，即都市的整個體系。

四、都市社會學在中國的展望

關於都市社會學的範圍，前面第三章已經予以論列。若是從那些範圍來觀察中國都市，這也就是說，應用都市社會學的觀點來探究中國都市，我們一定會發現在每一個範圍內我們現有的知識都很有限，甚至等於零。換言之，好像都市是一個荒原或處女地，等待著我們去開發，尋找其中的寶藏。今試逐項舉例言之。

㈠就都市的歷史來講，前面已經提及，至少有三千多年之久，但是我國都市究竟起源於何時、何地？是獨自建立的還是受外來傳播的影響而興起的？興建之後，歷代的發展過程又如何？爲什麼有些都市在某些朝代特別繁榮，而在別的朝代却趨於衰落或者甚至毀滅？在歷史上所有的都市究竟可分爲那些類型？又以何者居優勢？我們能否找出某種原理來說明它們的變遷過程，像歐洲若干學者所提出來的？（參閱上面第五章）關於這方面的研究可由史學家或社會學家來做，其結果不但可以幫助人們了解我國都市的發展史，同時也可以證實或修正外國學者的都市發展史理論。不過這種研究也有其困難，最重大的是由於有關文獻的不足徵。

㈡就都市的位置或空間的分佈狀態來看，這顯然與地理環境有密切關係，但同時也與文化程度或傳播，尤其工藝學的發展水準有關。中國的都市建立在平原、山地、或江海邊區者各有多少？它們的分佈及其盛衰與氣候、雨量、高度、自然資源、以及國際交通運輸等因素的關係如何？它們大小彼此間的距離有無一定的比例？它們面積的區劃有無定則或是否受某種力量的限制？它們在政治上與地理上的區劃又是否合理？有的都市疆界向外擴展而有的則否，其原因爲何？各都市與其附庸或腹地之關係怎樣？中國大都會社區的發展形狀及程度如何？這與外國如英、法、美、日等的比較，有無相同之處？……這方面的研究主要是屬於地理學的範圍，但在都市社會學中也是不能忽視的。關於我國都市的這種研究，我國地理學家已有若干貢獻，（註四）但是合乎都市社會學用途的似乎尚不多見，故這是今後應加以努力的一個方向。

㈢就都市的區位結構與社會組織來說，我國有關這方面的研究，依作者所知，可說是鳳毛麟角。我國各種都市的內部結構究竟有多少種狀態或可分爲幾種定型？各種社會階層，社會結合，以及社會制度在空間的分佈狀態是否與各種區位有關？又各都市的人口組合及分佈情形是否也與區位有關？這類資料的獲取必須以都市的實地調查爲根據，特別需要應用人文區位學的觀點及方法來做。可是到目前爲止，我國還沒有舉辦過這樣的調查，只有國立臺灣大學社會學系約八年前對臺北市做過一次不太詳盡的調查研究，後來以其結果出版了一本「臺北市社會基圖」，將若干社會機圖及社會問題在空間的分佈狀態繪成圖表，使閱者一目了然。該基圖曾得到美國匹斯堡大學一位地理學教授爲文介紹並予以好評。像這類工作如能在各主要都市皆有實施，並能每隔五年或十年做一次，以資彼此互相比較，這不但可有助於瞭解都市結構的變遷情況，而同時也可助於都市問題的解決，可惜我國政府當局對這種研究的功用尚沒有深切的認識。

㈣就都市的動態而言，這乃是都市社會學最注意探討的一種現象，可是在我國却很少有人從事研究，故有關資料更是難得。任何都市皆呈現有競爭、衝突、順應、合作、同化、隔離、入侵、承繼、集中、集中化、分散化、及都市化等社會區位過程。歐美的社會科學家，尤其社會學家，在他們的都市裡對於這種種現象已有很多研究，而在我國，除了晚近有人注意研討人口都市化外，對其他的社會過程則幾乎無人留意探究。因此，我們對於本國都市的動態與其有關的各種問題莫不茫然。這是特別值得我們覺悟而努力追求的一個途徑。

㈤就都市心理方面來講，這乃是非常重要的一種都市社會現象。據都市社會學創始人派克說，都市是一種心理狀態。其居民普遍具有特殊的人格特徵、行爲模式、意識型態、人生觀念、集體表幟、及社會控制方法等。凡這種種，我國都市居民所表現的又是怎麼樣？各都市的是否有差異？它們與鄉村居民的以及外國都市的相比較有無不同？現代大衆傳播的媒介，如報紙、收音機、及電視等，對我國市民心理之影響又如何？……像這一類的問題目前在我國注意研究的人還很少，因此也不易找到可靠的答案。市民心理對市政的設施和革新以及國家的各種發展都有重大關係，故地方政府和中央政府實有了解它的需要。爲了補救這方面的缺陷，今後我們必須多從事這個範圍內的研究。

㈥就都市社會問題方面來看，大概都市越大，其問題也越多而複雜，外國的如此，我國的也莫不然，只是問題的種類及其嚴重性可能各有差異而已。今僅就臺灣幾個大都市的社會問題而言，像貧窮、娼妓、違章建築、環境衞生不良、交通秩序欠佳、及娛樂場所不健全等，這些可說是比較嚴重的。但是對於這些問題，我們很少作過廣泛而深入以及有系統的探究。縱使有若干的研究，但其結果也未能得到市政當局的注意或採用，故問題仍然存在，甚至變本加厲。無論如何，有都市存在，社會問題也必然存在。因此，必須隨時注意研究之，以謀解決，以策安全，以促進市民的福利。但如果要想使這種研究獲得良好結果，都市社會學所提供的研究觀點及方法就値得加以運用。

㈦就都市的改良途徑來講，必須先有都市的導進目標，這又與國策有密切關係，但無論怎樣，都市計劃總不能沒有，不管是從事都市更新，或都市社區發展，或建立新城市，或發展都會區域。又無論是採取何種改良途徑，政府和人民必須互相合作，上下彼此協調，即採取社會行動。更應該注意的是物質的建設或改進必須配合社會的建設或改進，後者甚至於更爲基本或重要。這常是一般都市計劃家所忽略的一點。目前我國各方面似乎特別注意都市計劃的制訂及施行問題（請參閱附錄參考書目中文部分），且有若干大專學院設立有都市計劃研究所，但所奇異而可惜的是，它們多半仍舊偏重於傳統的觀念，即注重物質方面的設計，這主要大概是由於它們忽視了都市社會學所提供的知識，或者由於他們對這門基本學科不甚了然。事實上，有的都市計劃研究所連這門學科都未予設置，這好比有些家政學系對家庭與婚姻的課程未予開設一樣。要之，都市社會學，無論在外國或我國，應用於這方面是有其適當貢獻的，其價值是不能以金錢加以衡量的。

五、結　語

綜上以觀，都市社會學的研究範圍雖然尚不能說劃分得十分完美，但至少已提示了一個輪廓。依此輪廓來觀察我國都市的情況，我們認爲值得研究的地方實在太多，可能尋獲的材料也非常豐富。況且今後由於時勢所趨，我國必然向工業化和都市化的大道邁進。換言之，我國都市將越來越多，同時也將越來越大，對整個國家社會及國民生活之影響，毫無疑問的，也一定日形重要。因此，注意研究它的人自然也將隨之而起。爲了適應這種需要，國內各大專院校，除非閉關自守，或拒絕面對社會現實，或忽視本國社會的實際問題——這可說是歷來我國教育的最大缺點，尤其在社會科學部門，特別是社會學系，就不能不增設都市社會學及其有關課程。這類學科增設之後，若是我們懂得應用都市社會學的概念、理論、觀點、及方法來對我國都市作廣泛而深入的探究，必能發現許多寶貴的事實和新知。這類事實和新知，一方面可以用來證實，修正，或推翻外國或本國學者的都市理論，或建立我們自己的；另一方面也可以用來作爲我國都市改良和建設的參考或依據。總而言之，都市社會學在我國實在有其廣大的用途，也可有其特殊貢獻，前途相當光明，這是任何人所不能忽視的。

附註：

註一：Rose Hum Lee, *The City*, J. B. Lippincott Co., 1955, PP.42–55.

註二：洛陽伽籃記鈎沈，一五一頁，廣文書局印行；梁啓超著中國文化史（社會組織篇）第六九頁，中華書局。

註三：梁啓超，同上，六一頁。

註四：參閱程光裕著中國都市，中華文化出版事業委員會出版；朱崗崑著「中國各地之高度」，國立中央大學理科研究所地理學部專刊第四號，中華民國三十二年二月印行；陳正祥著「臺北市之研究」，臺灣銀行季刊第四卷第四期。臺北市之發展與職能區分，市政與教育，一卷一期，民國四十七年一月。

附錄　主要參考書目：

一、英文部分

Books：

Abrams, Charles, *Man's Struggle for Shelter in An Urbanizing World*, Bombay; Valils, Feffer & Simmons, 1964.

Alonco, William, *What Are New Towns For?* Institute of Urban & Regional Development, U. C. Berkeley, 1969.

Anderson, Nels, *The Urban Community*, Henry Holt & Co., 1959.

Bergel, Egon Ernest, *Urban Sociology*, McGraw-Hill Co., 1955.

Bogue, Donald J., *Principles of Demography*, John Wiley & Sons, N. Y., 1969.

Bollens, John C.(ed.), *Exploring the Metropolitan Community*, Univ. of Calif. Press, 1961.

Boskoff, Alvin, *The Sociology of Urban Region*, Appleton-Century-Crofts, 1962.

Breese, Gerald, *Urbanization in Newly Developing Countries*, Princeton Univ. Bureau of Urban Research.

Bergess, E. W. & Bogue, D. J., (eds.), *Urban Sociology*, The Univ. of Chicago Press, 1964.

Chapin, F. Stuart, Jr., *Urban Land Use Planning*, 2nd ed., 1965.

Cohen, Saul B., *Geography and The American Enviornment*, Voice of American Form Lectures, 1968.

Cole, William E., *Urban Society*, The Riverside Press, 1958.

〔Secretary-General〕Department of Economic & Social Affairs, U. N., *Community Development in Urban Areas*.

Dobriner, William M. (ed.), *The Suburban Community*, G. P. Putnan's Sons, 1958.

Duncan, Beverly, & Lieberson, Stanley, *Metropolis and Region in Transition*, Sage Publications, Beverly Hills, Calif., 1970.

Gallion, Arther B. & Eisner, Simmon, *The Urban Pattern: City Planning & Design*, 1964.

Cist, Noel P. & Fava, Sylvia F., *Urban Society*, 5th ed., 1968.

Greer, Scott; McElrath, Dennis L.; Minar, David W.; Osleans, Peter (eds.), *The New Urbanization*, St. Martin's Press, N. Y. 1968.

Gutkind, E. A., *The Twilight of Cities*, The Free Press of Glencoe, 1962.

Hadden, Jeffrey K.; Masotti, Louis H.; Larson, Calvin J., *Metropolis in Crisis: Social & Political Perspective*, F. E. Peacock Pubishers, 1967.

Hatt, Paul K. & Reiss, Albert J., *Cities and Society*, The Free Press, 1961.

Hauser, P. M. & Schnore, Leo I. (ed.) *The Study of Urbanization*, John Wiley & Sons, 3rd Printing, 1967.

Hauser, Philip M. (ed.) *Urbanization in Asia and the Far East*, UNESCO Calcutta, 1957.

Hauser, Philip M. (ed.) *Handbook for Social Research in Urban Areas*, UNESCO, 1965.

Hawley, Amos H., *Human Ecology : A Theory of Community Structure*, The Ronald Press Co., 1950.

Hilberseimer, L., *The Nature of Cities : Origin, Growth & Decline*, Paul Throbald & Co., 1955.

Hoover, Edgar M., *The Location of Economic Activity*, McGraw-Hill, 1963.

Horton, Paul B. & Leslie, Gerald R., *The Sociology of Social Problems*, Appleton-Century-Crofts, 1965.

König, Rene, *The Community*, Schocken Books, 1968.

Lee, Rose Hum, *The City*, J. B. Leppincott Co., 1955.

Mayer, H. M. & Kohn, C. F., *Readers in Urban Geography*, 1959.

McKenzie, R. D., *The Metropolitan Community*, Russell E Russell, 1967.

Meadous, Paul & Mizruchi, E. H., (eds.) *Urbanism, Urbanization, and Change : Comparative Perspectives*, Addison-Wisley Pub. Co., 1969.

Morris, R. N., *Urban Sociology*, Ferderick A. Fraeger, 1968.

Mundy, John H. & Riesenberg, Peter, *The Medieval Town*, D. Van Nostrand Co., 1958.

Mumford, Lewis, *The City in History*, Harcourt, Brace & World, 1961.

Mumford, Lewis, *The Culture of Cities*, Harcourt, Brace & Co., 1938.

Pahl, R. E. (ed.), *Readings in Urban Sociology*, Pergamon Press, 1968.

Park, R. E., *Human Communities*, The Free Press, 1952.

Pirenne, Henri, *Medieval Cities: Their Origins & The Revival of Trade*, Princeton Univ. Press, 1969.

Scientific American, *Cities*, Alfred A. Knopf, 1965.

Siveeney, Stephen B. & Alvir, George S. (eds.), *Metropolitan Analysis : Important Elements of Study & Action*, Univ. of Pennsylvania Press, 1958.

United Nations, *Urbanization : Development Policies & Planning*, 1968.

United Nations, *Social Aspects of Housing and Urban Development*, 1967.

U. N. Department of Economic & Social Affairs : *Planning of Metropolitan Areas and New Towns*, Meeting of U. N. Group of Experts on Metropolitan Planning and Development, Stockholm, 14−30 Sept, 1961.

Weber, Max, tr. and ed. by Don Martindale & Gertrud Neuorrth, *The City*, The Free Press of Glencoe, 1958.

Articles :

Atchley, Robert C., "A Size−Function Typology of Cities," *Demography*, Vol. 4, No. 2, 1967.

Bell, W. & Fars, Maryannet, "Urban Neighborhood Types and Participation", *ASR*, Vol. 21, No. 1,

Feb. 1956.

Broom, Leonard & Selznick, Philip, "The City" in *Sociology*, Ch. 11, 1968.

Broom, Leonard & Selznick, Philip, "Urban Man" in *Sociology*, Ch. 13, 1968.

Bugess, E., "The Growth of City; An Introduction to a Research Project" in *The City*, ed. by Park, Burgess and McKenzie, 1925.

Cahnman, Werner J., "The Historical Sociology of Cities; A Critical Review", *Social Forces*, Vol.45, No.2, Dec. 1966.

Fava, Sylvia F., "Suburbanism as A Way of Life", *ASR*, Vol. 21, No.1, Feb. 1956.

Friedmann, John, "The Role of Cities in National Development", *American Behavioral Scientist*, Vol. 21, No.5, May–June, 1969.

Green, Norman E., "Scale Analysis of Urban Structures", *ASR*, Vol. 21, No. 1, Feb. 1956.

Green, Scott, "Urbanism Reconsidered: A Comparative Study of Local Areas in a Metropolis", *ASR*, Vol.21, No.1, Feb. 1956.

Gurvitch, Georges & Moore, Vilbert E.(eds.) "Human Ecology", by Emma Llewellyn & Andrey Hawthorn in *Twentieth Century Sociology*, The Meilophical Library, 1945.

Guterman, Stanley S., "In Defence of Wirth's Urbanism or A Way of Life", *AJS*, Vol. 74, No.5,

Mar. 1969.

Hillery Jr., George A., ''Villages, Cities and Total Institutions'', *ASR*, Vol.28, No. 5, Oct. 1963.

Mitchell, Howard E., ''The Urban Crisis and the Search for Identity'', *Social Casework*, Vol. 50, No. 1, Jan. 1969.

Murvar, Vatro, ''Some Tentative Modifications of Weber's Typology : Occidental Versus Oriental City'', *Social Forces*, Vol. 44, No. 3, Mar. 1966.

''Urban Revolution'' in *IESS*, The Macmillan Co. & The Free Press, 1968.

''City'' in *International Ency. of the Social Sciences*, The Macmillan Co. & The Free Press, 1968.

Park, R. E., ''The City; Suggestions for the Investigation of Human Behavior in the Urban Environment'' in *The City* edited by Park, Burgess, and McKenzie, 1925.

Piggott, Stuart ''The Role of the City in Ancient Civilizations'' in *The Metropolis in Modern Life*, ed. by R. M. Fisher, 1955.

Ravitz, Mel. J., ''Urban Sociology'' in *Contemporary Sociology*, ed. by Joseph S. Roucek, Philosophical Library, 1958.

Reiss Jr., Albert J., ''Urban Sociology, 1945–55'' in *Sociology in the United States of America*, ed. by Hans L. Letterberg, UNESCO, 1956.

Sjoberg, Gideon, ''The Rural—Urban Dimension in Preindustrial, Transitional, and Industrial Societies'', in *Handbook of Modern Sociology*, ed. by Robert E. L. Faris, Rond Mchally & Co., 1964.

Stacey, Margaret, ''The Myth of Community Studies'', *The British Journal of Sociology*, Vol. 20, No. 2, June 1969.

Turk, Herman, ''Interorganizational Networks in Urban Society : Initial Perspectives & Comparative Research'', *ASR*, Vol. 35, No.1, Feb. 1970.

Weller, Robert H., ''An Empirical Examination of Megalopolitan Structure'' in *Demography*, Vol. 4, No. 2, 1967.

Wilkinson, Thomas O., ''Urban Structure and Industrialization'', *ASR*, Vol. 25, No.3, June 1960.

Westley, Doerd L., ''The Civic Sphere in the American City'', *Social Forces*, Vol. 45, No. 2, Dec. 1966.

二、中文部分

公共工程局　臺北市市民居住情況選樣調查報告書　省府建設廳公共工程局　53年　臺北出版

王維林　臺北市貧民區之調查與分析　中興大學社會系　51年　臺北出版

白健二　臺北市木柵區住宅類型結構社會調查報告　社會建設　第8期　60年2月

李增祿　臺北市人口的增長，分佈及組合　社會學刊　第4期　57年4月

李先良　都市計劃新觀念　中國地方自治　第12卷第5期　48年8月

李先良　都市計劃學　正中書局　52年　臺北出版

吳聰賢　鄉村遷徙過程中適應都市生活的研究架構（英文）　社會學刊　第5期　58年4月

辛晚教　臺北市空地地價問題之研究（上）　臺灣土地金融季刊　第6卷第2期　58年6月

辛晚教　臺北市空地地價問題之研究（下）　臺灣土地金融季刊　第6卷第3期　58年9月

汪志冀　臺北市建成區貧戶之研究　中國文化學院　56年　臺北出版

林衡道　臺灣都市社會研究的問題與方法　臺灣文獻　第13卷4期　51年12月

林中森　臺北市地價問題之研究　中興大學地政研究所　58年　臺北出版

林鈞祥　臺北市人口之分布之分析與研究　臺銀季刊　第14卷第3期　52年9月

林鈞祥　臺灣都市人口研究　臺灣經濟金融月刊　第2卷第9期　55年9月

林清江、郭爲藩譯述　現代都市問題　臺南開山書店　59年
周一夔　都市計劃　中國地方自治　第1卷第3期　42年7月
周一夔　都市計劃與區域計劃的觀念及其關係　國際經濟資料　第13卷第6期　53年12月
周一夔　公園及遊憩設備　中國地方自治　第2卷第2期
周一夔　都市計劃講話　中華文化出版事業委員會　44年　臺北出版
來　璋　臺北市地價問題研究　臺灣商務印書館　56年　臺北出版
來　璋　臺灣市地重劃之檢討與建議　臺灣土地金融季刊　第8卷第1期　60年3月
郎裕憲　臺灣現行縣割轄市制度之研究　科委會　55年6月　臺北出版
郝繼隆　臺北市古亭區宗教組織分析　社會建設　第1期　58年4月
郝繼隆　歐洲、亞洲及臺灣都市化的比較　社會學刊　第6期　59年4月
寇龍華　永和鎮與臺北市社會關係調查初步報告概要　社會學刊　第4期　57年4月
寇龍華　臺北市民家庭文化設備調查報告　社會學刊　第1期　52年12月
陳正祥　臺北市之研究　臺灣銀行季刊　第4卷第4期　40年12月
陳正祥　臺北市之發展與職能區分　市政與教育　1卷1期　47年1月
陳光輝　臺北市社會變遷因素之研究　臺北文獻　13，14，15，16合刊　55年12月
陳光輝　臺北縣市犯罪少年家庭環境與社會背景之研究　臺北文獻　第10，11，12期合刊　54年12月

陳光輝　臺北市民間宗教信仰之研究　科委會　55年7月－56年6月　臺北出版

陳光輝　臺灣省北部地區的城市犯罪少年與鄉村犯罪少年之比較研究　商務印書館　57年　臺北出版

陳紹馨　最近十年間臺灣之都市化趨勢與臺北都會區域的形成　臺北文獻　第5期　52年9月　此文亦載於社會學刊　第一期　52年12月

陳紹馨、全漢昇與雷柏爾　臺灣之城市與工業　美國國外業務總署駐華共同安全分署與國立臺灣大學　43年

陳豐木　嘉義市移動人口調查研究　臺灣文獻　第20卷第4期　59年2月

陳榮波　論臺灣都市土地利用問題　臺灣土地金融季刊　第6卷第3期　58年9月

陳訓烜　都市計劃學　商務印書館　53年　臺北出版

張曉春　臺北市延平區區位結構之分析　思與言　第3卷4期　54年11月

張曉春　延平區房屋問題的探究　思與言　第3卷第6期　55年3月

張曉春　臺北市延平區之演變　社會學刊　第4期　57年4月

張曉春　臺北縣永和鎮都市化之研究（上）　思與言　7卷5期　59年1月

張曉春　臺北市永和鎮都市化之研究（下）　思與言　7卷6期　59年3月

張曉春　市民對職業的評價與地位的認定　社會科學論叢　第20期　59年7月

張曉春　臺北市雙園區居民的職業變遷　社會學刊　第7期　60年4月

張國彥　論都市分區制（上）　臺灣土地金融季刊　第5卷第1期　57年3月

張國彥　論都市分區制（下）　臺灣土地金融季刊　第5卷第2期　57年7月

張德粹　臺灣農村人口與都市人口之比較研究　作者自印　53年　尚未出版

梁尙勇　北市國民中學實施能力分班調查研究（上）　臺北市政　第149期　60年3月

梁尙勇　北市國民中學實施能力分班調查研究（中）　臺北市政　第150期　60年3月

梁尙勇　北市國民中學實施能力分班調查研究（下）　臺北市政　第151期　60年3月

莊金德　臺北市人口的教育組成　臺灣文獻　13卷3期　51年9月

莊金德　臺北市人口的籍貫比較　臺灣文獻　13卷4期　51年12月

莊金德　臺北市人口的性別比例　臺灣文獻　14卷1期　52年3月

莊金德　臺北市人口的婚姻狀況　臺灣文獻　14卷2期　52年7月

莊金德　臺北市人口的職業分配　臺灣文獻　14卷4期　52年12月

崔永楫與林太龍　工業化與都市化對臺灣農村人力移動之影響　自由中國之工業　22卷5期　53年11月

程光裕　中國都市　中國文化學院　42年　臺北出版

葉昌鑄與姜渝生　臺灣之都市交通問題　臺灣銀行季刊　第20卷第3期　58年9月

愛絲孟松　臺灣都市土地政策—問題與途徑　國際經濟資料　第19卷第5期　56年11月

愛絲孟松　臺灣都市建設與住宅發展之展望　國際經濟資料　第22卷第3期　58年3月

虞日鎭　都市居住人口與職業組成對住宅型態之影響　住宅與家庭　第3卷第2期　60年6月

董修民　花蓮新舊市區的發展　科委會　53年7月—54年6月

董修民　三重的發展　科委會　54年7月—55年6月　臺北出版

楊顯祥　都市計劃　復興書局　60年　臺北出版

臺大社會學系　臺北市大安區黎和社區福利需要調查總報告　臺北市政府社會局　57年8月　臺北出版

臺灣銀行研究室　臺灣省都市消費者家計調查報告　臺銀研究室　49年　臺北出版

蔡文輝　臺北市公寓與國民住宅之研究　社會學刊　第7期　60年4月

盧毓駿　現代都市及其重要革新趨勢　中國地方自治　第1卷第2期　42年6月

盧毓駿　城市演進之規律與計劃之新精神　大陸雜誌　3卷5期　40年9月

龍冠海　近代都市研究的發展趨勢　社會學與社會問題論叢　53年1月　原登市政與教育月刊第1卷第1期　47年1月

龍冠海　臺北市郊區四市鎮之人口結構與變遷之研究(一)　社會建設　第4至第7期　59年1月—11月

龍冠海　近二十年來臺灣五大城市人口結構的研究　社會科學論叢　第19期　59年9月

龍冠海　近二十年來臺灣五大城市人口動態的研究　社會學刊　第7期　60年4月

龍冠海　臺灣五大城市的人口分佈動態的研究　社會學刊　第5期　58年4月

龍冠海　臺灣五大城市的人口分佈狀態　社會學刊　第6期　59年4月

龍冠海　都市住宅問題的研究　社會學與社會問題論叢　53年1月

龍冠海　我國都市社會建設問題　社會學與社會問題論叢　53年1月　原刊於新社會月刊　2卷5期　39年11月

龍冠海　都市社會問題　見「社會與人」，文星叢刊　53年

龍冠海　少年犯罪問題的檢討（上）　市政與教育　第1卷第8期　47年8月

龍冠海　少年犯罪問題的檢討（下）　市政與教育　第1卷第9期　47年9月

龍冠海主編　臺北市古亭區社會調查報告　臺大社會系　56年　臺北出版

龍冠海主編　臺北市社會基圖　臺大社會系　54年　臺北出版　社會學系叢刊第一種

龍冠海、范珍輝　臺北市古亭區南機場社區調查總報告　臺大社會系　56年　臺北出版　社會學系叢刊第三種

龍冠海、楊國權　臺北市中小學教育概況調查總報告　臺大社會學系叢刊第2種　第64期　56年10月

蕭錦春　臺北市住宅問題之研究　嘉新水泥公司文化基金會　59年　臺北出版

羅成典　臺灣都市人口與都市土地利用問題之研究　嘉新水泥公司文化基金會印行　59年　臺北出版

鄠裕坤　中華民國臺灣省之都市計劃　市政滙刋　55年1月

龔　駿　中國都市工業化程度之統計分析　商務印書館　22年　上海出版

經合會都市建設及住宅計劃小組出版之叢刋擇其要者列下：

臺北市基隆都會區域新社區發展地址之研究　56年2月

臺灣住宅問題之研究　56年7月

住宅計劃的幾個基本問題　56年7月

臺北鐵路問題之研究　56年9月

臺北市及臺北縣三重市兩地違章工廠之調查報告　56年10月
都市計劃機構組織與職掌調查報告　56年12月
都市計劃在職訓練調查報告　56年12月
社區兒童遊戲設施規劃及設計之研究　56年12月
臺北基隆及高雄等市住宅選樣調查初步報告——型態及社會經濟　56年12月
臺北基隆及高雄等市住宅選樣調查初步報告——質量分析　56年12月
臺北市主要街道臨街地利用調查及其初步檢討報告　57年4月
臺中區域工業發展調查報告　57年4月
第五期四年經建計劃住宅計劃草案　57年4月
交通警察執行交通法令的訓練與能力之評估及研議提高其效能之研究　57年6月
農地變更爲建地情況研究報告及限制方案　57年8月
臺灣都市問題研討會資料彙集　57年10月
臺南——高雄區域計劃公共給水水源調查研究報告　57年10月
臺北市綱要計劃　57年10月
臺北市主要道路交通調查報告　57年11月
國民住宅設計、配置與造價之研究　57年12月

都市發展法令規章研究報告(一) 57年12月
各級都市計劃組織權責研究報告 57年12月
都市及區域計劃標準圖例 57年12月
改善都市景觀之建議 58年6月
高雄臺南區域計劃初步報告 58年7月
臺北市次要道路交通調查報告 58年9月
新市鎮土地征收及處分之研究報告 58年11月
臺灣市地估價制度之研究 59年1月
臺中港區都市發展綱要計劃 59年3月
臺中區域計劃初步報告 59年3月
林口特定區計劃 59年5月
林口新鎮商業用地研究報告 59年8月
都市土地使用計劃與管制 59年7月
實施都市計劃所需資金及運用之研究 59年12月
國民住宅資料 59年12月
高雄市灣子內與凹子底等地區主要計劃說明書 60年2月

高雄市楠梓區主要計劃說明書　60年3月
楠梓區第一期發展區細部計劃說明書　60年3月
都市建設及住宅計劃工作報告　60年6月
臺灣城市住宅社區組成之研究　60年6月
土地使用分類研究　60年6月
高雄市綱要計劃　60年9月